Bernhard Pauer

Trautenau 1866

Erinnerungen, Erlebnisse und Schriftstücke aus dem Kriegsjahr in und bei

Trautenau

Bernhard Pauer

Trautenau 1866
Erinnerungen, Erlebnisse und Schriftstücke aus dem Kriegsjahr in und bei Trautenau

ISBN/EAN: 9783744618397

Hergestellt in Europa, USA, Kanada, Australien, Japan

Cover: Foto ©ninafisch / pixelio.de

Weitere Bücher finden Sie auf **www.hansebooks.com**

TRAUTENAU
1866.

Erinnerungen, Erlebnisse und Schriftstücke aus dem Kriegsjahr in und bei Trautenau.

Ein Beitrag

zur Geschichte der Stadt und Umgebung jener Zeitepoche

von

Dr. Bernhard Pauer,

Erenbürger von Trautenau, Freiheit, Marschendorf und anderen Orten,
Besitzer des goldenen Verdienstkreuzes mit der Krone,
praktischer Arzt zu Trautenau.

In Kommission der Buchhandlung von J. Bamberger in Trautenau.

Preis 1 fl. 20 kr.

TRAUTENAU.
Im Selbstverlage des Verfassers.
Druck von Gebrüder Stiepel in Reichenberg.
1891

Vorwort.

Ende September 1866 kamen mir zwei Anträge zu, die Geschichte des Krieges und seiner Drangsale, wie Trautenau sie erfaren hat, für zwei größere Sammelwerke niederzuschreiben; das war aber damals wirklich ein Ding der Unmöglichkeit. Denn nicht nur, daß ich nach den viermonatlichen — doch von Mitte Juni schon bis über Mitte September dauernden Aufregungen, Anstrengungen, Sorgen und Alterazionen mich erschöpft fülte und für cholera- oder tifusreif hielt — beide Epidemien, besonders die erstere, bildeten ja den Schluß unserer Kriegsleiden — wurde ich in der zweiten Septemberhälfte von der politischen Behörde dazu noch zum Cholera-Epidemieleiter in den Vorstädten Trautenaus und in Oberaltstadt (großes Fabriks- und Kirchdorf nächst Trautenau) ernannt. — „Das ist dein Tod,“ dachte ich damals, als mir der Amtsdiener das Dekret überreichte, denn nervös so verstimmt und im Ganzen wie kraftlos geworden, glaubte ich gegen Ansteckung alle Widerstandskraft verloren zu haben. Dazu hatte ich vor dem leibhaftigen Cholerabilde eine heillose Angst, als Mediziner (in 50er Jaren) hatte ich es nur teoretisch studirt, nur am Sezirtisch gesehen und das mit welchen Vorsichtsmaßregeln anfangs bei diesem Studium; nun sollte ich, so erschöpft ja der schrecklichen Krankheit direkt ins lebende Antlitz schauen. Und in der Tat war der erste mir hier begegnende Fall ein höchst schwerer, es war eine elende alte Frau, die ich in der Vorst. Krieblitz besuchen mußte; das geschah morgens, abends war sie von den Krämpfen erlöst. Es ist mir dann in der za. 4wöchentlichen Epidemiezeit, Dank meiner Lebenskraft und meiner Lebensweise nichts Schlimmes passirt und ich hatte auch von meiner Medikazion bei den Cholerakranken, welche je nachdem modifizirt aus Chinin-Auflösung odeı Chinadekokt mit

Opium und Malagawein bestand, recht befriedigende Kur-
erfolge aufzuweisen. Ich habe auch mein Bildchen diesem
Werkchen seines Mottos wegen beigegeben; wer seinen
Sinn erfaßt, wer also verständig, mäßig in der Arbeit und
im Genuße ist und sich naturgemäß kleidet und abhärtet,
der kann lange nützlich, schön und gut leben; leider ist
bei der so verbreiteten, gemein materialistischen, roh natu-
ralistischen Welt- und Lebensanschauung unseren jüngeren
Zeitgenossen die Kapazität für eine edlere Lebensauffassung
und Erkenntniß des Lebenszweckes größtenteils abhanden
gekommen. —
     Nun ward mir im April dieses J. ein nicht gewollter,
jedoch beachtenswerter Anlaß, mein Kriegsschriftenpaket
v. J. 1866 hervorzusuchen aus einem Schranke, in welchem
es so lange unberücksichtigt geruht hat. Nun sah ich das
viele massenhafte, interessante Material für ein kleines
kriegsgeschichtliches Werkchen · und dachte mir, die Aus-
arbeitung desselben dürfte, wenn es auch nur die kriegerischen Ereignisse und Verhältnisse von nur einer Stadt
und dem Aupatale schildern wird, nicht nur für diese
Gegend allein, sondern selbst drüber hinaus ein größeres
Interesse dafür hervorrufen. — Ich schritt alsbald ans Werk,
die Morgenstunden (jede hat Gold im Munde) und der
helle Abend (nach 6 Ur), in den verg. Wochen förderten
die keineswegs leichte Arbeit so angenem, daß sie jetzt,
knapp vor der 25jährigen Gedenkfeier des Treffens am
27. Juni mittelst einer ser wackeren Druckerei der Öffent-
lichkeit übergeben werden kann. Ich glaube nicht, daß
jemand aus derselben herausfinden wird, daß ich sie cum
ira et studio acri geschrieben oder grundlose Vermerkungen
darin habe einfließen lassen. Wenn man solche darin findet
oder sie dafür ansehen sollte, so faßt man die Stellen
zimperlich, mit ser vieler Ängstlichkeit auf oder man be-
greift noch nicht, daß es hoch an der Zeit sei, daß jeder
echte deutsche Mann gegen Jedermann, ob hoch gestellt oder
furchtbar reich, die Warheit ausspreche mit anständiger
Rücksicht wol, doch frei und grad. Die alte leidige Warheit, daß ·viele hohe Herren die echte Warheit nicht gern
hören wollen — in unseren Zeiten auch d i i ganz inferiorum
gentium, homunculi, welche triviale Schmeichelei eben mer
anmutet, jene muß in Deutschland ihre Glaubensberechtigung

verlieren und die reine Warheit soll und muß überall, in allen Kreisen und Dingen immer mer und mer zu Eren kommen. —

In dieser Schrift, die einmal zu schreiben lange schon meine Absicht war, was jedoch früher auszufüren meine badeärztlichen Verpflichtungen gegen Kurgäste in Johannisbad zeither verhinderten, wollte ich die wichtigsten und merkwürdigsten Daten der preußischen Invasion und Okkupazion eines sehr interessanten Punktes im Riesengebirge der späteren Vergessenheit entreißen und der jungen Generazion ein Bild vor die Augen stellen, was ein Krieg ist, was seine begleitende Umstände und Folgen sind, und hoffe ich damit indirekt noch etwas über den Horizont des Riesengebirges hinaus zu erreichen, das wäre: bei einem größeren intelligenten Lesepublikum eine Proteststimmung gegen das Kriegfüren, eine energische moralische Entrüstung gegen dasselbe zu erregen und zur offenen Kundgebung zu bringen.

Denn was wird ein folgender Rassenkrieg in Europa sein? Eine brutale Negazion der Zivilisazion, eine schmähliche und die schreiendste Verleugnung des Christentums und unserer Kultur; — ein so unsäglich trauriges Beispiel sollen die christlichen Nazionen den andern am Ende dieses großen, an Wundertaten des Geistes und der Menschenkraft so reichen XIX. Jarhunderts geben.

Man wird sich aus meinem engbegränzten, doch nach allen Richtungen den Barbarismus des Krieges kennzeichnenden Kriegsbilde eine erweiterte Vorstellung von der Größe und dem Unrecht der Leiden und des Unglücks machen die ein solcher mit sich fürt, wenn er ein Land überzieht oder gar merere. Der 1866er war wol der letzte in Mitteleuropa, wo noch so mangelhaft für die armen Verwundeten fürgesorgt war (im deutsch-französischen war ja das Lazaretwesen und die Verwundetenpflege schon vielmer vervollkommnet), und wo hie und da die Kriegfürung gegen das Zivile ungerechtfertigterweise noch einen ser bösartigen Charakter annam, was vielleicht in Hinkunft beim nächsten, beim europäischen Weltkriege, den ja Rußland und Frankreich emsig vorbereiten und in wenigen Jaren schrecklich in Szene setzen werden, nicht mer oder vielleicht gar noch viel schlimmer der Fall sein wird. Ja, muß denn dieser Weltkrieg noch kommen, noch ausbrechen?! Zweifellos.

Denn wer arbeitet denn dagegen? Der große, machtvolle
Dreibund, welcher zweifelsone auch schon die kleinen nordischen Staaten und das stolze reiche England an seiner
Seite hat. Ei beware; die Tripelallianz scheint nur zu
bestehen, um die so viel wertvolles metallenes und anderes
Materiale verschlingenden unaufhörlichen Rüstungen, eine
immer zalreichere Heeresbildung unproduktiv oder in
wenigen Jaren entsetzlich produktiv als Gegengewicht gegen
das „heilige" Rußland und das gloirereiche Frankreich zu
gestalten und für den Angriff bereit zu halten. Konnte
man 1864, 1866 und 1870 sagen: Bis hieher und nicht
weiter! und dann handeln. warum ruft man den beiden
menschenfreundlichen Nazionen, dem großen Czarenreiche,
das jetzt ja ein beispiellos unchristliches Vorgehen gegen
drei seiner armen Völkerschaften manifestirt, und dem edlen
republikanischen Volke, das durch die Napoleons chauvini-
stisch geworden. und psichisch korrumpirt worden ist (die
Merheit der Franzosen sind ja aus stupider Rachsucht die
Götzendiener des russischen Absolutismus geworden), warum
ruft man ihnen nicht zu: Quousque tandem abutere vos
hostes hominum patientia nostra! Wozu noch Furcht?! Der
Krieg in 3 Jaren wird unendlich furchtbarer und opfer-
voller sein als dieser unausbleibliche Nazionalitätenkampf
vor 3 Jaren noch geworden wäre. — Oder soll ihn etwa
die Sozialdemokratie unmöglich machen? — Möglich! —
　　Wenn man nur einen so kleinen Krieg von 1866 mit
Aug, Or und Herz mit erlebt und durchgemacht und nach
25 Jahren wieder gründlich durchstudirt hat, so drängen
sich einem derartige Fragen und Anschauungen unwider-
stehlich auf und man muss sich gelegenheitlich darüber
expektoriren. —
　　Wie anders könnte das alles sein oder doch bald
werden, wenn unsere Jugend nicht so ser dem gewönlichen
Strebertum frönen, dem eitlen sozialen Stellungsscheine so
kindlich huldigen wollte; wenn sie sich ernster mit dem
Studium der Biografien großer edler Männer, mit verständ-
nisvollem Lesen der Geschichte der französischen Revoluzion
(von Prof. Anton Springer) und des Völkerelends (nach den
Befreiungskriegen!) nach dieser Revoluzion und der Geschichte
der Auferstehung des Volksgeistes und des Völkerrechts im
Jare 1848, ferner der Geschichte des 19. Jarhunderts von

Gervinus u. a. m. befassen und ihre Leren beherzigen, ins Leben übertragen wollten, statt nur humoristische und illustrirte Blätter zu studiren, pikante Romane zu lesen, dies und jenes zu spielen und so oft als möglich zu kneipen. Das sind perniciöse Passionen unserer Jugend geworden — für sie selbst, für Familien und für die Gesellschaft, schließlich auch für den Staat. Dabei haben so viele dieser jungen Staatsbürger ganz falsche Freiheits- und Erbegriffe gewonnen und sich ausgebildet. Und solche wolwollende Kritik betrachten sie als filiströse Meinungsverschiedenheit. —

Wohin soll das, wohin wird es füren. Es ist hier nicht der Ort diesen Gedankengang weiter zu verfolgen.

Ich wünschte nur, es nämen so manche von diesen Bemerkungen belerende, beherzigende Notiz und möchten sich aus diesem meinem Werkchen auch über den Ernst des Lebens und die Rechte der Menschen eine manneswürdigere Auffaßung aneignen.

Ich will noch für diesen Zweck aus dem Leitartikel der „Bohemia" vom 3. Juni d. J., dem schönen Nachruf an den uns unvergeßlichen leipziger Prof. Ant. Springer, dessen Hörer ich 1848 in Prag auch war, zwei gediegenste Stellen anfüren; sie sind voll Warheit und Weisheit:

„Eine merkwürdige Gabe der Voraussicht bekundete Prof. Springer in der Beurteilung der großen deutschen Frage; er sah im Gegensatz zu vielen Achtundvierzigern die geschichtliche Entwicklung, wie sie sich in den Jaren 1866 und 1870 vollziehen sollte, lange vorher und, weil er in seinem Werke „Die Geschichte Österreichs seit dem Jare 1809" dieser Erkenntniß unumwunden Ausdruck gab und zugleich mit demosthenischer Schärfe die Gebrechen und Übelstände seiner Heimat kennzeichnete, war es eine zeitlang offiziöse Mode, ihn der Untreue gegen sein Vaterland zu zeihen; doch nemen ihn seine eigenen Schriften, aus denen die innigste Teilname an einer freiheitlichen und fortschrittlichen Entwicklung Österreichs hervorleuchtet, beredter als es irgend ein Anwalt vermöchte, gegen diese Anklage in Schutz. Ein Mann voll Entwicklung in allen Zweigen des Wissens und der Erforschung, hing er mit Herzenswärme und unerschütterlicher Treue an den Ideen der volkstümlichen Freiheit, die ihn zuerst dem Dienste der Öffentlichheit geweiht hatten, an den Grundsätzen des

Liberalismus und der Humanität, die das achtzente Jar-
hundert gezeitigt hat. Darin gehörte er zu den Alten, die
jünger sind als unsere Jungen, und hier lag auch der Puls
der großen unmittelbaren Wirksamkeit, die im Jare 1848
auf dem heimischen Boden von ihm ausging. Fast noch
mitten in der Revoluzion, im Herbste 1848 hielt er an der
prager Universität Vorträge über das Revoluzionszeitalter
von 1789 bis zur Gegenwart. Hunderte von Hörern ver-
sammelten sich im Hörsaale der Logik und hingen an den
Lippen des Lerers, der die innere Berechtigung des großen
Freiheitsjares von der Katedra aus verkündete und ge-
schichtlich begründete. Die Augen alter Männer erglühen,
wenn sie von diesen Vorträgen erzälen, und jüngere Männer
verstehen diese Begeisterung, wenn sie das Buch zur Hand
nemen, das aus jenen Vorträgen entstanden ist und die Be-
redsamkeit des Autors auch nur aus den todten Lettern auf
sich wirken lassen.

Der Autor verhelte sich nicht, „daß es eine kitzliche
Sache sei, der beliebten Ansicht, das revoluzionäre Treiben
der letzten 60 Jare sei eben nur das Werk einzelner nichts-
nutziger ergeiziger Wüler, schroff entgegenzutreten und mit
aller Kraft der inneren Überzeugung die Berechtigung der
Revoluzion zu proklamiren, ihren Charakter als notwendigen
Durchgangspunkt der Menschheit, als das natürliche Ziel
der Geschichte der letzten 300 Jare zu zeigen, ihre weltgeschichtliche Bedeutung zu erörtern." Aber kitzlich oder
nicht, der junge Autor wagt sein Werk und gibt ihm einen
Wunsch mit auf den Weg, der noch heute für uns er-
mutigende Profezeiung und auffordernde Manung ist: „Die
Revoluzion vom Jare 1848, zwar vielfach beschmutzt in
ihren Erscheinungen, aber unendlich berechtigt in ihrem Wesen,
ist gescheitert. Wir brauchen nicht erst viel nach den einzelnen Gründen davon zu fragen, sie lassen sich alle in dem
einen Satze zusammenfassen: die Zeit war zu groß und ge-
waltig für die Männer, die ihre Träger geworden. Es ist nun an
der Wissenschaft, bessere Träger zu bilden, das Volk über
seine waren Güter aufzuklären, alle unreinen Stoffe aus de
Bewegung auszuscheiden, der Freiheit durch die Unbezwing-
lichkeit ihrer Warheiten die Weihe der Kraft zu verleihen."
Ich muß jetzt wol gleich einige entschuldigende Worte
für meine — noch gar nicht vollkommene Rechtschreibung

vorbringen. In unserer alles praktisch verbessernden, rascher vollbringenden Zeit sollten wir Deutsche auch unsere Rechtschreibung auf praktischere Grundsätzte auf 3, 4 stellen und darnach ausbilden, das wären besonders: kürzer schreiben, die Selbstlautdenungen nicht durch Buchstaben bezeichnen, dann die fremden eingebürgerten Worte so schreiben (eigene Namen ausgenommen) wie sie ausgesprochen werden; was würden wir dadurch für Zeit, Arbeit, Papier, Tinte und Druckerschwärze ersparen z. B. bei einer Million nicht geschriebener h oder e und kleiner Anfangsbuchstaben. Ich habe diese hier noch nicht vervollkommnete Rechtschreibung bereits in meiner 1889 erschienenen Badeschrift „J o h a n n i s - b a d“ das „n o r d i s c h e G a s t e i n“ im böhmischen R i e s e n - g e b i r g e angewandt und bekam darüber merere Urteile in den Worten: „Ihr Büchel gefällt mir recht gut, aber mit der Rechtschreibung kann ich mich nicht befreunden“, oder „der Inhalt der Brochüre hat mich ser interessirt, aber die Rechtschreibung darin, das muß ich Ihnen schon sagen, gefällt mir gar nicht“. Ich dachte mir: ja die leidige, bezopfte Gewonheit!

Zum Schluße glaube ich noch anmerken zu sollen, welche Früchte meine und meiner „Stadtrepräsentanz“-Kollegen Tätigkeit in der Kriegsepoche uns getragen hat.

Außer den heimgekerten Gefangenen, dem Bürgermeister Dr. R o t h und dem k. k. Bezirksgerichts-Adjunkten S c h e p s, votirte die Gemeindevertretung von Trautenau am 18. Septemb. auch mir das E r e n b ü r g e r r e c h t der Stadt und nebstdem auch die Heimatszuständigkeit.

Herr Josef H a a s e erhielt am 28. Oktober 1866 das goldene Verdienstkreuz mit der Krone, Schreiber dieses empfing am selben Tage durch die k. k. Statthalterei von Prag den schriftlichen Ausdruck der allerhöchsten Zufriedenheit Sr. Majestät des Kaisers „anläßlich der bei den letzten Kriegsereignissen in hervorragender Weise betätigten Treue, Loialität und patriotischen Hingebung“.

Mit diesen Auszeichnungen waren die k. k. Brigade-Kommandanten des X. Armeekorps nicht zufrieden, sie kamen sofort bittlich um Vermerung der Auszeichnungen ein, so erhielten wir, ich u. die ärztl. Kollegen am 2. Novemb. 1866 bei des Kaisers Anwesenheit in Trautenau das goldene Verdienstkreuz m. d. Krone und der Oberlerer Ottom. K l e m e n t das goldene Verdienstkreuz u. and. Damen und Herren auch noch allerh. Anerkennungen. Auch Sr. k. k. Hoheit, der Herr Feldmarschall Erzherzog Albrecht sprach den von Sr. Majestät dem Kaiser Ausgezeichneten nochmals in einer diplomartigen Zuschrift vom 12. November 1866 die allerhöchste huldvolle Anerkennung in seinem Namen in herzlicher Weise aus. — Die Kollegen Franke, Ettelt und Sturm erhielten später auch über Antrag Prof. Volkmanns den preußischen Kronenorden IV. Klasse nebst einer goldenen Zulage. Man wunderte sich dann hiergegends, daß nicht auch mir eine preußische und zwar noch eine höhere als jene würde. Nun wer nicht wußte, wie wir, Prof. Volkmann und ich, von einander geschieden sind, den befremdete diese Ignorirung; ich war aber darob, und das möge man mir doch glauben, nicht einen Augenblick irgendwie verstimmt oder indignirt. Im Jare 1867 konnte ich in meiner Stellung als Reichsratsabgeordneter noch um allerhöchste dekorative Auszeichnungen für einige verdiente Männer aus der Gegend bittlich einschreiten, ich tat es und sie wurden ihnen auch zu Teil; heute würde ich das kaum mer tun. Solche glänzende Dinge richten nämlich bei den meisten damit Begnadeten mitunter abnorme Steigerungen ihres Selbstgefüls und des Begerungsvermögen an, sie sind und bleiben dann nicht mer die guten, besonnenen Alten. — Ein letztes Wort muß ich in diesem Vorwort noch dem Andenken des am 25. November 1890 nach kurzem Leiden, (an Bauchfellentzündung) im 73. Lebensjare in Wien gestorbenen Siegers von Trautenau widmen. Albert Freiherr Knebel von Treuenschwert, wirkl. geheimer Rat, k. u. k. Feldzeugmeister, Ritter des Militär-Maria-Teresienordens u. and. Ord. mer, war ein scharfsinniger nnd mutvoller Taktiker, liebenswürdig als Mensch und ein gediegener militärischer Charakter; Schreiber dies hatte seit langen Jaren die Ere, mit ihm intimer befreundet zu sein. Sein Hinscheiden kam gegen alle menschliche Berechnung so schnell; wie liebwert wäre Allen sein Hiererscheinen am 27. Juni 1891 geworden! Ere seinem Angedenken!

Trautenau, Mitte Juni 1891.

Dr. Bhd. Pauer.

INHALT.

I. Abschnitt.

Geschichtliche Einleitung.

Seite

1866er Kriegsstimmung 1
Die Politik Österreichs und Preußens 2
Zeitungsberichte 3
Bismarcks Rundschreiben 4
Reflexionen. 5

II. Abschnitt.

Eine Friedensversammlung. 6
Windischgräz-Dragoner-Reg. 7
Seltsame Widersprüche 9
Preußische Deserteure 11
Die Nacht vom 26./27. Juni 11
Die Preußen in Parschnitz, in Trautenau 12
Kampfbeginn 14
Die Genfer Vertragsbinde 14
Dr. Roths Gefangennemung 16

III. Abschnitt.

Die Dragoner-Attake 17
Gefechtsbeginn 18
Ordres de bataille. 20
Selbsttäuschungen der Preußen. 21
Sturmangriff und Sieg durch die Brigade Knebel 23
Zeitungsberichte 26
Das Treffem am 28. Juni 30
Kronprinz Friedrich Wilhelm in Trautenau 31
Am Schlachtfeld 33
Eine schwere Verwundung. 35
Erstes preußisches Aktenstück 37

IV. Abschnitt.

Preußische Landwerbesatzung 38
Bürgerversammlung 39
Stadtrepräsentanz auf Kriegsdauer 40
Aufruf an die Stadtbevölkerung 43

Seite

Horrende preuß. Requisizion 44
Vorstellungen gegen dieselbe 45
Petizion an den König von Preußen 48
Aktenstücke in Requisizions- und anderen Angelegenheiten. . . . 50
Requisizionsdaten und Vorkommnisse 55

V. Abschnitt.

Die Verratslüge. 64
Zeitungsberichte 64
Starrer Glaube an den Verrat 67
Die trautenauer Gefangenen 67
Ihre Behandlung in Glogau 71
Schritte für ihre Loslassung 71
Petizionen deshalb 72
Simpatische Berichte in Blättern für Trautenau 75

VI. Abschnitt.

Eine chiurgische Kampfschrift 77
Prof. v. Dumreicher, v. Langenbeck, Volkmann 78
Verwundetenstand am 4. Juli in Trautenau 80
Prof. Volkmanns Tendenz und Barackenbau 82
Kommandanturbefel für Dr. Pauer 84
Urteile österr. Ärzte über das preußische Lazaretwesen 85
Reprasentanz-Schriftstücke 89
Lebhaftere Tage 90

VII. Abschnitt.

Preußische Proklamazionen 91
Gen.-Feldmarschall v. Wrangel in Trautenau 93
Verschiedene Vorkommnisse 94
Wiederherstellung des Postenverkers 94
Kommandanturbefel 97
Neue Besatzung. 98
Zur Feldstrafrechtspflege 98
K. k. Kreisgerichts-Korrespondenz 102
An den Stadtdechant 103
Eine Feuerwer 104
Doktoren-Protokoll 105
Zuschrift v. Hetzendorf 106
Juli- und Augustnotizen 107
Sr. Majestäts Geburtstagsfeier am 18. August 109
v. Buggenhagen. Prinz Friedrich Karl 110
Abschiedsschreiben von Freiherrn v. Senden 111
Ein Schreiben vom F.-M.-L. Baron Gablenz 114
Vorbereitungen zur Rückkerfeier der Gefangenen 114
Programm 115

I. Abschnitt.

Geschichtliche Einleitung.

(1866 Kriegsstimmung? Die Politik Oesterreichs und Preußens. Bismarck und Mensdorff. Der Bundestag. Der Bruch. Die Zeitungen. Eine Note. Anschauungen. Ein Rostfleck. Eine Frage.)

In den ersten Frühlingswochen des Jahres 1866 hatte man in Oesterreich nur eine schwache Empfindung davon, daß in der Atmosfäre zwischen dem Habsburger- und Hohenzollern-Reiche ein politisches Gewölke sich bilde, welches denn auch die Gestaltung und düstere Farbe eines herankommenden Gewitterschauers allmälig annahm; nichts weniger als kriegslustig jedoch war die Gemütsstimmung in unserem alten, weiten und an Siegen reichen Großstaate (einige wenige Regionen, doch mit beschränktem Fernblicke darin, ausgenommen) — absolut keine solche hegte das preußische Volk, ~~das~~ in jener ereignißschwangern Zeit — eine Ausnahme davon bildete gewiß aber sein Staatslenker, der Herr Graf v. Bismarck.

Warum, wozu sollte auch, sagte man sich bei uns, eine Feindschaft, ein Krieg zwischen beiden Reichen angezettelt werden und platzgreifen?

Vielleicht wegen Schleswig-Holstein? Nicht doch; es hatte ja nicht lange vorher das gemeinsame bewaffnete Vorgehen Oesterreichs und Preußens wider das übermütige Dänemark ob der von ihm vergewaltigten Elbherzogthümer zum Wiener Frieden (i. J. 1864) und zur preußisch-österreichischen Oberherrschaft über diese Länder geführt. — Leider machte sich jedoch bald dieses gemeinsamen Besitzes wegen zwischen den Kabineten von Wien und Berlin eine Mißstimmung bemerkbar, u. zw. eine nach und nach auffallend sich steigernde. Allein man erzielte dann im Gasteiner Vertrage vom August 1865 eine allerdings nur oberflächliche Verständigung. Es währte nämlich gar nicht

1

lange und wieder begannen schon diplomatische Verhand-
lungen über die staatliche Zukunft der beiden Herzog-
tümer. — Oesterreich, besser gesagt, seine damalige
Regierung, welche bekanntermaßen recht und echt ultra-
montan, natürlich auch feudal-reakzionär und dazu sehr
slavenfreundlich gesinnt war, die aber auf der politischen
Höhe der Zeit nicht stand, die auch durchaus nicht ein
klares Verständnis unseres Volksgeistes hatte, sie hatte aber
den leichtfertigen Plan geschmiedet, einen thronlosen schleswig-
holsteinischen Herzog zum souveränen Fürsten daselbst zu
erheben. Derselbe hatte sich früher bereits als Prätendent
der schleswig-holsteinischen Herzogskrone in Rede gebracht,
die Berechtigung hiezu hat jedoch Oesterreich damals nicht
anerkannt. — Man kann wol in dem Falle den Berliner
Politikern nicht Unrecht geben, wenn sie nun erklärten,
daß die Wiener Politik darauf ausgehe, Preußen „n i e d e r -
z u h a l t e n" und „s e i n e r f r e i e n E n t w i c k l u n g in
Deutschland — durch die Presse (besonders durch die süd-
deutsche), durch revolutionäre Elemente, durch den deutschen
Bund, durch Werbversuche um französische Allianz — also
mannigfach schädlich entgegen zu arbeiten." Das liberal-
protestantische, politisch aufstrebende Preußen sollte eben
in Deutschland nicht größer, nicht stärker werden; was
half's? es stand dieses glorreiche Geschick doch in seinen
Sternen geschrieben.

Preußen traf, so erzählt man, im März 1866 noch keine
entschiedenen Vorbereitungen zum Kriege, auch Oesterreich
nicht; dieses strebte in der Zeit zunächst nur die Kriegs-
bereitmachung des 7., 8., 9. und 10. deutschen Bundeskorps
an und wünschte deren Aufstellung im V e r b a n d e mit der
ö s t e r r e i c h i s c h e n Armee. —

Ende März versicherten noch beide Regierungen, dass
die Absichten ihrer Herrscher nur friedliche wären, sie
warfen sich jedoch gegenseitig, wenn auch etwas verschämt,
vor, daß sie ja bereits Anordnungen zu einer fragwürdigen
Mobilisirung und zu Truppentransporten getroffen hätten.

Die beiden Herren Minister, Graf Mensdorff und Graf
Bismarck schickten sich darob im April noch verschiedene,
doch noch feine, keineswegs aber mehr herzerquickende
Depeschen.

Es sollte schließlich Preußen und Oesterreich ihre Streitigkeiten vor die **Bundesversammlung** bringen, meinte man; bei dieser politisch ganz abgewirtschafteten, fürstlichen Oberbehörde zu Frankfurt a/M. brach denn endlich der Krug entzwei; die Sitzung derselben vom 9. Mai mit der Verhandlung über Artikel 11 der famosen Bundesverfassung hat die Katastrofe, Dank den schönen Ansichten und Bemühungen des Herrn v. Beust, damals sächsischen Staatsministers, rasch gezeigt. Die Kriegsbereitschaft wurde in Preußen im Mai nun mit allen Kräften, in Oesterreich gewiß noch nicht mit der nötigen Energie betrieben, die Gemüter der Völker wurden durch die Presse erregt, erhitzt, die militärische Kampflust angefeuert, der furor belli wurde zu Recht proklamirt. — Es mögen zur schärferen Kennzeichnung der flagranten Lage der Dinge in jenen Tagen nachstehende Berichte aus Wien, dto. 20. und 23. Juni in einem breslauer und in einem berliner Blatte hier reproduzirt werden. Der erstere schreibt:

Heute Abend haben wir hier zum ersten Male wieder wiener Blätter (vom 18. und 19. Juni) erhalten. Die Sprache, welche sie gegen Preußen führen, überschreitet in der That alles Glaubliche. Das ist ja ein Fanatismus, der bis zum Wanwitz geht und auf der andern Seite keine Verworfenheit und keine Lüge scheut. Im Vergleich zu diesem Tone ist ja das polterndste preußische Blatt ein Muster von feinem Anstand und guter Sitte, und was besser ist, wir dürfen annemen, dass es unsere **gute Sache** ist, welche uns vor solchen Rohheiten bewahrt, während der Aerger der Gegner durch die raschen Erfolge Preußens (in Deutschland) jedenfalls in hohem Grade gesteigert worden ist. Die österreichischen Blätter trösten sich zwar, dass nur eine für sie unergründliche Weisheit ihrer Regierung diese preußischen Erfolge zugelassen hat, aber sie scheinen doch selbst an diese mistische Auffassung noch nicht recht zu glauben.

Und jener im Berliner Blatte lautet:

„Die Journale erschöpfen sich in Schimpfworten, vornemlich gegen die Könige von Preußen und Italien und verlieren immer mehr jeden Anhaltspunkt und jede Logik. Nichtsdestoweniger wurden am 18. die „Ostdeutsche Post" und das „Vaterland", am 21. die „Presse", das „Neue Fremdenblatt" etc. confiscirt. Aufsehen macht der Prozess der „Sonntagszeitung", deren Redakteur J. Geiger und Verleger Scharf je zu 4 Monaten und 1 Monat Kerker verurteilt wurden, weil sie einen Artikel „Uebermaß des Glaubens" veröffentlichten, worin das Concordat, der geringe Patriotismus des Clerus, die Ratlosigkeit der Regierung, die Sünden der Diplomatie, die tolle Spielerwut und

1*

das Vertrauen in blindes Glück, welche in Oesterreich herrschen, mit gelinden Farben gekennzeichnet wurden. Der „Kamerad" tröstet dagegen, dass Preußens Aufenthalt in Sachsen von kurzer Dauer sein werde, und dass die Pläne Benedeks durch eine Convention mit Sachsen, welche vorerst keine Schlacht in Sachsen wolle, nur unbedeutende Aenderungen erlitten hätten. Man ist allgemein der Ansicht, die Regierung zweifle an dem festen Willen, wie an der Tatkraft der kleinen und Mittelstaaten (schon heute werden harte Rekriminationen an Hannover, von Seite der inspirirten Blätter gerichtet) und wolle erst die Bundestruppen ins Feuer gehen lassen, um dann erst in die Action eintreten, wenn man als „Retter" erscheinen kann. Die Special-Correspondenten von der Nordarmee berichten nichts, als bombastische Schwärmereien über das bombastische Manifest. Von Benedek sind zwei Armeebefele, einer vom 17., der zweite vom 19. Juni erschienen, von deren letzterer die sächsische Armee begrüßt. Ueber den berüchtigten Armeebefel Benedeks, welcher die Runde durch alle Blätter machte, bemerkt die „Wiener Abendp." dementirend: Wir finden es nötig, hiermit ausdrücklich zu erklären, dass ein solches Machwerk nicht aus dem Hauptquartier eines Feldherrn hervorgehen konnte, der auch im Feinde den Soldaten ehrt, und dem es nie beifallen wird, die gegenüberstehenden Kräfte selbst zu unterschätzen, oder mit lügenhaften Vorspiegelungen bei der ihm unterstehenden Armee eine so unrichtige Beurteilung geltend zu machen; die k. k. Armee kennt ihren Feind und kann nicht zweifeln, dass sie es mit einem mächtigen Gegner zu thun haben wird." Sie ist ermächtigt, ihn als appokrif zu bezeichnen."

Und das letzte Wort von Bismarck war in denselben düstern Tagen sein Rundschreiben (vom 16. Juni) an die diplomatischen Vertreter Preußens im Auslande, es sagt:

Herr ... „Wir hatten es vorausgesehen, dass die unvermuteten und nicht zu rechtfertigenden Rüstungen Oesterreichs eine verhängnissvolle Krisis herbeifüren würden. Die Krisis ist jetzt ausgebrochen. Die drei neutralen Mächte haben die Gefaren der Situation zu beschwören gesucht, indem sie die Fragen, welche den Frieden Europas bedroten, gemeinschaftlichen Beratungen empfalen; aber ihre Bemühungen sind an dem Widerstreben Oesterreichs gescheitert. Die Lösung der Elbherzogtümer-Frage war durch die Verträge einer gemeinsamen Verständigung zwischen den beiden souveränen Mächten vorbehalten worden. Da Oesterreich sich von seinen Verpflichtungen lossagte, um jene Lösung außerhalb der von ihm unterzeichneten Verträge zu suchen, hat der König, unser erhabener Herr, sich genötigt gesehen, seine Truppen in Holstein einrücken zu lassen, ohne indessen damit Oesterreich das Recht streitig zu machen, seine Truppen nach Schleswig rücken zu lassen. Der Bruch des Gasteiner Vertrages berechtigte Se. Maj. zu dieser Maßregel, die Pflicht, seine Rechte zu verteidigen, gebot sie ihm. Oesterreich hat es vorgezogen, seine Truppen aus dem Herzogtum abziehen zu lassen, und indem es beim deutschen Bunde eine willkürliche Klage auf Friedensbruch erhob, machte es dem Bundestage in Frankfurt eine Vorlage, deren bloße Zulassung zur Beratung schon ein offenkundiger Bruch des Bundesvertrages bildete. Der von Oesterreich in der Sitzung des 11. Mai gestellte Antrag bezweckte nichts weniger, als die Decretirung des Bundeskrieges gegen eines der Bundesglieder, eine mit dem Buchstaben und Geiste der Verträge und dem Grundzwecke derselben durchaus unvereinbare Maßname. Dieser Antrag wurde, statt ohne Weiteres beseitigt zu werden, in der Sitzung vom 14. d. Mts. mit Stimmenmehrheit angenommen. Diese Verletzung des Bundesvertrages schließt notwendig die Zerreißung des Bandes, welches die Mitglieder des deutschen Bundes vereinte, in sich. Der Gesandte des Königs war beauftragt, dies am Bundestage in eben derselben Sitzung zu erklären. Diese Vorgänge haben die Regierung Seiner Majestät von allen Verpflichtungen befreit, welche das Bundes-Verhältniss ihr bisher auferlegte, und zwar so, dass die bisherigen Bundes-Mitglieder keinen Anspruch mehr haben, Gerechtsame auszuüben, die ihnen nur in Gemeinschaft mit Preußen zustanden, oder sich ohne Preußen noch als Vertreter des Bundes zu benehmen. So sehen wir Bande zerrissen, welche Preußen während der Dauer zweier Generazionen um den Preis mancher Opfer aufrecht zu erhalten bestrebt war, wenngleich es anerkennen musste, dass dieselben nur sehr unvollkommen den Anforderungen der Zeit entsprachen. Aber im Angesichte der offenen Feindseligkeit, welche der Bundesbeschluss, die Bundesmacht gegen Preußen zu mobilisiren, offen bekundete, sah sich Seine Majestät in die Notwendigkeit versetzt, auch seinerseits jene Maßregeln zu treffen, welche die Sorge für die eigene Verteidigung und die Pflichten gegen sein Volk gebieterisch von ihm forderten. Die Regierung des Königs hat" u. s. w.

Und der deutsche Historiker schrieb Ende 1866, des in der Geschichte Deutschlands in der 2. Hälfte unseres Jahrhunderts epochemachenden Kriegsjahrs:

„Der Krieg von 1866 zwischen Preußen und Oesterreich war eine weltgeschichtliche Notwendigkeit, er mußte früher oder später einmal zum Ausbruch kommen."

„Die deutsche Nation konnte zwischen dem romanischen Westen und dem slavischen Osten nicht dauernd in der politischen Schwäche fortbestehen, in welche sie seit ihrer ersten glorreichen Kaiserzeit versunken war."

Die großen Erfolge der preußischen Truppen in diesem kurzen Kriege, welcher für die Völker der beiden Reiche einer der peinlichsten und schmerzlichsten war, haben ja trotzalledem — wer kann es bestreiten — selbst Oesterreich Nutzen gebracht, haben ihn wieder in eine Verfassung eines freier athmenden, gesünderen Staatswesens zurückversetzt. Und die vielen und schweren Opfer, die ihm der Krieg auferlegt hat — in einem Jahre waren sie größtenteils verschmerzt, wenn auch nicht vergessen. Wenn nicht ein Rostfleck auf einem preuß. Blatte des Buches über diesen Feldzug, d. i. die grund- und rechtlose Wegschleppung, dann die barbarische Behandlung der trautenauer Bürger und anderer dabei mit Verunglückter am Wege und in der Gefangenschaft zu Glogau, also auf der Kriegführung des 1. preuß. Armeekorps unter Bonin, haften würde, es gäbe kaum mehr eine von einer größeren Körperschaft bitter genährte Rückerinnerung an jene böse, schwere und doch so viel heilbringend gewordene Zeit. — Man lege sich nur die große Frage zu tieferem Nachdenken vor: Was wäre wol aus Deutschland und Oesterreich und aus den wenigen freiheitlichen Errungenschaften der Völker der beiden Reiche geworden, wenn der damaligen österreichischen Regierungspolitik das Kriegsglück zum Siege verholfen hätte, und wenn ihr damit die Niederwerfung Preußens gelungen wäre? — Wer denken kann, der erblickt das trübe Bild.

Nach dieser allgemeinen Einleitung, welche ich für viele jüngere Leser schreiben zu sollen für erwünscht hielt, übergehe ich nun zur Spezialgeschichte des vom Kriege 1866 sehr hart mitgenommenen Trautenau.

II. Abschnitt.

(Eine Friedensversammlung. Die Windischgräz-Dragoner. Seltsame Widersprüche. Preußische Deserteure. Die Nacht vom 26./27. Juni. Die Preußen in Parschnitz. Einmarsch in Trautenau. Plänklerschüße. Interessantere Geschehnisse.)

Es war am 16. Mai, einem Feiertage Böhmens, da waren gemäß einem in der Flachsgarnbörse zu Trautenau von industriellen und anderweitigen Weltkennern von Hüben und Drüben (aus dem schlesischen Kreise Landeshut) früher gefaßten Beschlüße, am Nachmittage im großen Saale des Grenzweinhauses im Dorfe Königshan (knapp an der preuß. Grenze, nächstes schles. Städtchen Liebau, $\frac{1}{2}$ Stunde entfernt) die politisch Gebildeten zumeist Fabrikanten, Kaufleute, Doktoren und Lehrer, Gutsbesitzer u. a. m. sehr zahl-

reich zusammengekommen, um sich an der zuvor bestimmten
Manifestirung gegenseitiger Friedensliebe zu beteiligen und
um selbe dadurch laut und warm kund zu geben. Die Versammlung nam einen ser animirten und erhebenden Verlauf, merere Reden, besonders die der Fabrikanten Karl
und Robert Methner aus Landeshut wurden entusiastisch
bebeifallt. Aber unten in Liebau stand doch schon kampf-
bereites Militär! Einige k. k. Offiziere aus Josefstadt furen
mit mereren Trautenauern vor Beginn der Vollversammlung
hinüber nach Liebau, um den eventuell bald möglichen Feind
anzuschauen. Spät abends trennten sich die Freunde aus
Oesterreich und Preußen in dem guten Glauben, daß sich
kein Friedensbruch zwischen den beiden Reichen ereignen
werde. Wer hätte gedacht, daß einige und 40 Tage später
die in Königshan so freundschaftlich und zutraulich gewesene
Gemütsverfassung unserer schlesischen Nachbarn sich gegen
uns so entsetzlich verändern, ja in's Gegenteil umschlagen
werde; ja, das manifestirten sie furchtbar gegen unsere, gebunden durch Liebau, Landeshut und andere Orte fortge-
fürten Bürger und die andern Mitunglücklichen aus Trautenau
am martervollen Wege nach Glogau. Solche unglaubliche
Alterazionen des Gemüts bringt ein Kriegsausbruch zustande;
dort über der Grenze erzeugten sie die schändlich verlogene
Schilderung weniger rasch retirirter, ostpreußischer, den Tag
über kaum nüchtern gewordener Soldaten über die Kämpfe
in Trautenau, über die Feindseligkeit der Bevölkerung daselbst
gegen sie. Und diese Bevölkerung hat an demselben Abende
(den 27. Juni) ihre (die preußischen) Verwundeten, wovon
viele am Vormittage sich gegen jene noch äußerst roh und
feindselig benommen hatten, in warhaft humaner, auf-
opfernder Weise die Nacht hindurch und weiterhin so ge-
pflegt und behandelt. — Es haben selbstredend dann die
verhetzten Liebauer und Landeshuter ihren Irrwan bald
auch eingesehen und offen bedauert.

Ein den Frieden verheißendes Simptom ward dann
keineswegs das bald auf jene friedliche Versammlung er-
folgende Einrücken des Dragoner-Regiments Windischgräz
am 27. Mai, die dann bei Trautenau, in und bei Starkenbach
($3\frac{1}{2}$ Meilen westl. von Traut.) sich festsetzten. Einige Tage
später rückten dazu noch zwei aus Holstein kommende

Schwadronen in Trautenau ein. Es war ein prächtiges, meist aus Czechen bestehendes, von sehr vornemen, wackeren Offizieren (meist Ausländern) gefürtes Reiterregiment, dessen Stab unter dem Obersten, Fürsten Ludwig v. Windischgräz, mit zwei Schwadronen eben in Trautenau stand; diese Reiter hatten nunmehr den Grenz-Rekognoszirungs-, Patrouillen- und Vedetendienst zu üben. Das Regimentskommando empfing am 21. Juni durch einen kön. preuß. Offizier die offizielle **Kriegserklärung** Preußens an Oesterreich. — Nun wurde das Patrouilliren nächst der Grenze schon recht gefärlich, man gab — ungemütliche preußische Soldaten in den nächst der Gränze gelegenen Bauerhäusern waren es — auf die bis an diese nahe heranreitenden Dragoner Schüße ab und bald hätte es der küne Herr k. k. Ober- lieutenant, Graf **Hoyos** (welcher heute — quae mutatio rerum! glücklicher Herrschaftsbesitzer bei **Bolkenhain** in Pr.·Schlesien, wenn nicht gar Landrat daselbst ist), es war vielleicht, am 24. Juni früh morgens — bei einem solchen Rekognoszirungsritt ·mit dem Leben büßen können, da wurde er nämlich mit seinen zwei Dragonern eben mit einigen Schüßen empfangen, glücklicherweise traf nur einer davon und zwar uur das Pferd eines Dragoners, das jedoch schwer verletzend.

Es ist wol gestattet, bei dieser Affaire auch ein kleines spass- haftes Geschichtchen dran anknüpfend aus jenen Tagen mit zu erzälen. Heute ist ja der Humor dabei keine Frivolität mehr. — Schreiber dieses hatte, in den österr. Gränzdörfern überall gut bekannt, in der 2. Junihälfte in diesen Orten besser unterrichtete und schreiblustige biedere Bekannte verpflichtet, ihm über preußische Truppenbewegungen und interessantere Vorfallenheiten an der Gränze schleunigst zu be- richten. — Von einem solchen Berichterstatter in **Königshan** erhielt er denn am 24. Juni mittags und abends ein Schreiben folgenden In- halts: „Euer Wolgeboren! Heute, den 24. Juni, sind die preußischen Soldaten aus Liebau wegmarschirt, nur blieben etwas wenige von den Uhlanen zurück.

Wohin das Militär marschirt, ist nicht zu erfragen, ob ein an- deres kommen wird, auch unbewusst.

Es kommen in der Nacht die preuß. Uhlanen als Patrouille über die Grenze ins Dorf Königshan beim Fidler und Feist, sie klopfen an die Fenster, sagen: „Steht auf, die Preußen sind hier", gehen aber sonst wieder ab one Excesse."

„Nachmittags gegen 4 Uhr. 5 Uhlanen sind aus Preußen über die Gränze nach Königshan über das Getreide auf den Feldern herumgeritten, mittlerweile haben sich aus unserem Dorfe viele Buben mit Sturmhüten von verschiedenem gemalten Papiere auf den Köpfen und mit hölzernen Säbeln abseits schreiend „halt, halt! aufgemacht; die Reiter habens bemerkt und sind augenblicklich zurück; in einer ¼ Stunde brachten sie Verstärkung von 10 Uhlanen und sind wieder über Getreide nahe am Dorfe geritten, wollten wissen, ob es vielleicht Militär wäre. Die Buben bekamen Angst und liefen davon, die Uhlanen ritten bis auf die königshaner Schanzen nahe von Schwarzwasser. — Es ist uns sehr auffallend, daß wir nicht auch etwas Militär bekommen; die preuß. Kavallerie macht hier was sie will, weil sie wissen, daß Niemand da ist, so reiten sie wo's ihnen gefällig ist.

Jetzt gerade höre ich, daß preuß. Militär nach Liebau kömmt, um von Glaz den Kaiserlichen in den Rücken zu kommen, auf welche Art weiß ich nicht; ein Fabriksmädchen es so erzälte, das von Liebau hierherkam.
Mit Achtung"

derselbe
J. Chm....

Etwas Änliches, jedoch noch Komischeres als der Buhenstreich, soll am 29. Juni einem Zug ostpreußischer Reiter in Pilnikáu auf den Wiesen an den Gärten, deren Zäune mit Wäsche behangen waren, passiret sein. Doch taceamus amici, es ist ja so lange her und irren ist menschlich. Nun wieder zum Ernste der Lage zurück.

Daß man in Wien in der ersten Junihälfte kaum schon schlüßig war, Krieg zu füren, beweist ein nicht ganz geringer, wenn auch der Frage etwas fernliegender Umstand. Es kamen nämlich Ende Mai wie gewöhnlich, als wenn gar nichts Gefärliches im Zuge wäre, böhmische Familien der Aristokrazie nach Johannisbad, unserem nahen, „riesengebirgischen (nordischen) Gastein", um da 4—6 Wochen lang eine Kur zu brauchen; unter diesen befand sich auch die schon merjährige, hochverehrte Stammkurgastin hier, Fürstin Almérie Thurn-Taxis, die Schwester des damaligen österr. Staatsministers, Grafen Belcredi. — Sie hatte aber auch nicht eine blaße Ahnung — so gut wie wir — von den schlimmen Dingen, die da kommen werden. Schreiber dieses unterrichtete die hohe Frau von den Vorkommnissen an der Grenze, von Wien aus erfur sie gar nichts und da es ca. 10. Juni bei uns da schon nicht ganz geheuerlich aussah, packte sie die Koffer und reiste wieder nach Lautschin (bei Jungbunzlau) ab; in der ganzen Zeit ihres Aufenthaltes hier hat sie aber von ihrem Herrn Bruder in Wien auch nicht eine Zeile Aufklärung über die Sachlage oder sonst einen Wink erhalten.

Auffallend aber auch noch Ende Mai und kaum einen Glauben auf einen baldigen Kriegsausbruch zulassend war der friedliche Charakter, die sehr mäßige Armirung der Festung Josefstadt (südlich von hier 3 Meilen entfernt); unsere sehr werten Bekannten von dort, die Herren Artillerieoffiziere des 11. Regiments und Infanterieoffiziere, welche uns wie früher in fröhlichen, so jetzt in bangen Tagen bisweilen noch zur Orientirung hier gerne besuchten, konnten nicht stark genug ihr Staunen ausdrücken über die kleinen und langsamen fortifikatorischen Vorkerungen gegen einen feindlichen Aufmarsch. Ich besah mir selbst nach Mitte Juni die Festung und machte dort meinen kampfbegierigen Freunden einen Abschiedsbesuch; da erst sah ich an eben oder kurz zuvor begonnenen Schanzarbeiten gegen Jaromiř (Jaromiersch) zu neue Posizionen für Batterien entstehen. Und meine wackeren Freunde sagten nun frohen Sinnes: „Doctor, jetzt wird's Ernst, jetzt gehts bald los."

Was soll man aber dazu sagen oder dabei sich denken, wenn man hier noch in der vorletzten Juniwoche von sonst bestorientirten und hochangesehenen Männern hört: es gebe keinen Krieg in Sicht, die in so einem Chaos doch eine Wegrichtung, eine Direktive erfahren konnten und hätten finden müssen, die aber auch nicht den geringsten Anhaltspunkt dafür hatten, ob Krieg werden oder Frieden bleiben wird. — Diese Männer waren die Herren: geh. Kommerzienrat v. Kramšta aus Freiburg i. Schl., Chef eines der ersten und größten Handlungs- und Fabrikshäuser Schlesiens, der zweite Filos. Dr. G. Gross, der Direktor der südnorddeutschen Verbindungsban (Pardubitz-Reichenberg), welche beide, der erstere einige Tage vor dem 20. Juni, von Wien kamen, jener zweifellos dort zu dem Zwecke gewesen, wichtigere geschäftliche Disposizionen zu machen und dabei sich über die Kriegsfrage Bescheid zu holen; Dir. Dr. Gross, um den Stand der Vorbereitungen zum Kriege da und dort kennen zu lernen. Beim Glase Vöslauer Goldeck saßen wir ein und das andere Mal im Hotel zum weißen Roß (Pächter damals Anton Stark) eine Stunde lang und diskutirten alle Möglichkeiten der brennenden Frage, doch behaupteten beide immer wieder: „Es kommt doch zu keinem Kriege!"

Man wird es auch heute nicht in Abrede stellen können,
daß die Preußen damals noch die österreichische insgesamte
Militärmacht und die Bravour unserer Reiterei, Artillerie
und Infanterie fürchteten; dagegen hatte unser Militär eine
kenntnißarme und zu geringschätzige Meinung von der
militärischen Ausbildung, Bewaffnung und Tüchtigkeit des
preußischen Heeres.

Daß der Krieg drüben anfangs höchst unpopulär,
aber nicht so ser gewagt war, das kann auch nicht bestritten
werden; für diese Behauptung füre ich denn noch eine bestimmte Thatsache an. — In Hirschberg, über dem Ge-
birge (der Schneekoppe) drüben lagerte in der zweiten Junihälfte auch ein Infanteriefüselirregiment meist aus posenschen
(katolischen) Preußen bestehend. Zweimal nun kamen
Deserteure davon von dort herüber, einmal zwei, ein anderes
Mal drei Mann und sie sagten hier aus, „daß es ihr Gewissen
drückt und gegen ihre Religion sei, gegen einen katolischen
Herrscher zu kämpfen." Ferner erklärten sie (die Armen
wurden bald nach Josefstadt gefürt und nach Friedens-
schluß wol wieder ausgeliefert), daß noch viele ihrer Kameraden mit herüber flüchten wollten, dass aber auf den Berg-
wegen von eigenartigen Soldaten (d. w. Finanzwächter und
Gensdarmen) bei Kleinaupa, vielleicht auch im Riesengrund
auf sie geschossen wurde und sie daher umzukeren ge-
zwungen waren. Gewiß war ein bedenkliches Simptom der
Kriegsstimmung in Preußen diese Deserzion und katolische
Anschauung über Kampfpflicht.

Wir stehen nun am Vorabende des 27. Juni; wir
hatten abends bereits die beruhigende Kenntniß, daß Massen
österr. Militärs nach Trautenau anmarschieren; wir sahen
aber auch in der Nacht unsere Landleute aus den nächsten,
westlich gegen die Gränze hin gelegenen Dorfschaften zal-
reich mit Vieh und Habseligkeiten vom Hause fliehen und
durch Trautenau ziehen. Der Stadtbevölkerung war dadurch
die Lust zum Schlafengehen auch abhanden gekommen, man
wachte größtenteils in nicht geringer Angst vor dem offenbar
bald hier erscheinenden Feinde die Nacht durch, wir hielten
uns, Berichte über jenen von den Flüchtenden anhörend, zumeist
unter den Lauben (Arkaden) auf. Die Nacht war prächtig
schön; Wagen, Kutschen standen angespannt am Ringplatze,

Windischgrätz-Dragoner galopirten hinauf, hinab auf die Reichsstraße (damals schlesische oder breslauer gen.), viele der wolhabenderen Bürger packten ihre Wertsachen (so manches war in Kellern bereits vermauert worden) und rüsteten sich gleichfalls zur Flucht. Eine unnennbare Aufregung hatte sich aller bemächtigt. Auf dem Ringplatze befand sich in den frühen Morgenstunden eine Dragoner-Schwadron, bis 9 Uhr kamen nach und nach die Dragoner-Abteilungen zurück, welche draußen auf der Straße (gegen Wolta, Gabersdorf) die Avantgarde des vorrückenden Feindes aufzuhalten versuchten, um 9 Uhr hatten sich alle diese todesmutigen Reiter aus der Stadt entfernt und sich gegen Hohenbruck zurückgezogen. — Und so kam jetzt die Hälfte wol des e r s t e n preußischen Armeekorps bis nahe an Trautenau heran und lagerte auf den Feldern und Wiesen und auf dem großen Bleichplatze des Spinnfabrikbesitzers Klemens W a t z e l in Parschnitz.

Hier tat man sich gütlich; die Mannschaft und viele Offiziere haben sicherlich dem Keller des gastfreundlichen Herrn Walzel alles Lob widerfaren lassen. Gegen 9 Uhr erschienen die ersten preußischen Vedeten ganz in der Nähe nördlich von der Stadt, unsere Jäger hingegen waren vereinzelt auf den südlichen Höhen angekommen. Ich beobachtete das preußische Lager und die vorrückenden Truppenteile in der zehnten Stunde eine zeitlang mit einem guten Fernsichtgucker vom Kirchturme und auch von der Stadtmauer aus. Beim Heranrücken der Preußen in der 10. Morgenstunde hatten sich bereits viele Trautenauer meist in südlicher und westlicher Richtung geflüchtet, sehr viele hatten ihre Läden gesperrt und sich in ihre Wonungen zurückgezogen. Wenige Menschen sah man nur noch unter den Lauben, als ein preuß. Offizier (Adjutant) zu Perde auf dem Platze erschien und nach dem Bürgermeister fragte. Derselbe, Jur. Dr. Roth, kam eben aus seiner Wonung im Horn'schen Hause (neben dem „Hôtel zum weißen Roß") herab; Schreiber dieses, welcher in der Laube das Kommen der Ereignisse abwartete, sagte jenem, dass der Offizier nach ihm frage. Dr. Roth frug ihm nun nach seinem Begehr, worauf der Offizier erklärte, er sei von seinem Kommandeur beauftragt, hier zu rekognosziren und den

Bürgermeister zu fragen, ob noch österr. Militär in der Stadt sei, worauf Dr. Roth wahrheitsgetreu mit „Nein" antwortete und dies begründete. Der Offizier bemerkte dann noch, daß nun preuß. Truppen einrücken werden und dass Trautenau einen Mittagstisch für zirka 20 Offiziere im Hôtel „zum weißen Roß" vorbereiten und Lebensmittel zum Mittagsbrod für cirka 3000 Mann beschaffen müsse, worauf er wieder zurückgalopirte. Der peinliche Moment war denn nicht mer fern, wo sie in die Stadt einmarschiren mußten. Es war 10 Ur vorüber; ich begab mich unter die Laube des Gasthofes „zum weißen Roß" und erwartete hier unsere deutschen Feinde. Eine Kompagnie Infanterie mit geschwärzten Pickelhauben war die erste Masse, die unter Pfeifenklang und Trommelschall auf dem Stadtplatze aufmarschirte. Ich bin etwas Musiker und ein patriotischer Oesterreicher, man wird daher ermessen können, welche Gefüle beim Anblick einer fremden, uns bereits als furchtbar geschilderten Soldateska und beim Anhören einer solchen schrillen, monotonen Musik mich da überkamen. Dann folgten größere Massen, von denen eine mit einer regelrechten Musikkapelle, die den Radetzkymarsch aufspielte, einrückte. Vor allem Anderen mußten diese Truppen, Offiziere und Mannschaft sofort mit Getränk versehen werden. Viele fürchteten in demselben unbegreiflicherweise Gift. Manche zalten, manche wollten zalen, es unterblieb aber größtenteils, weil die Wirte wie die meisten Bewoner Trautenau's den Kopf verloren hatten, denn die Schimpferei: „Hunde, Lumpen, ihr habt uns die Brücke verrammelt" (auf Befehl unserer sich zurückziehenden Dragoner geschehen), raubten den wehrlosen, aber Ergefühl besitzenden Bürgern die Besinnung. Viele mochten auch nicht zalen. Ich ging ruhig zuschauend und zuhörend auf der Laube auf und ab. Empört hat mich namentlich das Benemen und das Reden eines höheren Offiziers; er ist dann einer der ersten vor der Stadt, von der Kugel eines österr. Jägers getroffen, gefallen. Friede seiner Asche! — Die Bürgerschaft von Trautenau, das sah ich, und jeder preußische Soldat, wenn er ein Ehrenmann, muß diese meine Worte bestätigen, begegnete den einrückenden Preußen entweder furchtsam oder ernst, höflich aber und gastfreundlich über-

haupt. Kein Soldat sprach in der elften Stunde davon, daß
beim Einrücken auf sie geschossen worden sei, oder daß
dies in der Stadt geschehen wäre. — Die vortreffliche Be-
wirtung am Platze und die Hoffnung der Preußen, in der
schön gelegenen, wolhabenden Stadt einen angenemen
Nachmittag zu verleben, wärte aber nicht lange; man hatte
keine Anung davon, daß eine österreichische Brigade, die
den Tag zuvor bei Soor ein Lager bezogen hatte, im raschen
Anrücken begriffen sei und daß eine Kompagnie Jäger
bereits als Plänkler sich auf den Höhen und Abhängen,
hinter den Sträuchern und Zäunen von Gärten, in Hol-
wegen, in dem Wäldchen nächst der Stadt (Kapellenhöhe)
zerstreuten und dem anrückenden Feinde auflauerten. Als
dieser nachher in der Obervorstadt in's Freie, in ihren Ge-
sichtskreis und Schußnähe kam, da begann bereits stärkeres
Feuer, preußische und österreichische Jäger sandten sich
auch schon auf dem ganzen südöstlichen und südlichen
Höhenterrain bei der Stadt ihre sicher gezielten Kugeln zu. —
Dieser unerwartete Angriff brachte Verwirrung und Unmut
unter die feindlichen, sich gegen einen Angriff sicher
wänenden Soldaten. Im Bogen vom Johannisberge von
Oesterreichern abgeschossene Kugeln, von bei Neurognitz
von unserer Artillerie abgefeuerte Granaten und Shrapnells (wovon viele nicht explodirten), fielen in die Stadt,
auf den Marktplatz. Die preußischen Soldaten zogen
sich unter die Lauben zurück; da fiel es jetzt dem einen
oder dem andern ein, zu sagen, es wären Schüsse aus den
Häusern gefallen. Und nun begann der Vernichtungskampf
gegen verschlossene Läden, Zimmer- und Dachbödentüren,
man stürmte die Häuser und schoß aus den Fenstern und
Dachlucken auf den am Bergabhange gegenüber erscheinenden
Feind (Oesterreicher), und manche schossen am Platze und
in den Gassen in die ersten und zweiten Stockwerke einiger
Häuser blindlings hinein, die größtenteils von den honnetesten
Familien bewont waren. Es geschah aber auch, daß
preußische Soldaten, deren Augen von der kriegerischen
Wut und den genossenen Getränken getrübt waren, aus
einem Hause auf der südlichen Stadtfront auf ihre die Höhen
hinanstürmenden Kameraden losfeuerten und von einem
hinzukommenden Offiziere mit den Worten: „Seid ihr ver-

rückt, ihr schießt ja auf unsere Leute", herabgejagt wurden. Uebrigens habe ich auch einem verwundeten k. k. Soldaten eine österreichische Kugel herausgezogen.

Ich ließ mich aus meinen Beobachtungen unter den Schutz gewärenden Laubengängen nicht herausreißen, bisweilen sah ich nur in meiner vom Platze nicht fernen Wonung nach, ob sie noch unangetastet geblieben. Unter der Laube des Gasthofes zum „blauen Stern" (jetzt Hôtel Stark), stand zu Pferde gleich beim Anbginn des Treffens ein Militär, dessen Aeußeres in mir Vertrauen erweckte, es war ein stattlicher Herr mit intelligenter, freundlicher Fisiognomie. Ich frug einen Soldaten, was das für ein Offizier sei. „Das ist kein Offizier," lautete die Antwort, „das ist ein „Armee - Gendarm - Sergeant." Den strammen Mann sprach ich an und frug ihn, ob in diesem Kampfe die Stadt etwas zu befürchten habe; freundlich erwiderte er: „Ei beware, unsere Leute werden ihre zurückschlagen, dann ist Ruhe und ich bin da, um Ordnung und auch Schonung des Eigentums zu überwachen. Aber heiß wird's und Durst kriegt man." — Ich forderte den Wirt des Gasthofes auf, diesem Herrn eine Flasche vom besten Weine zu bringen. — Beim abendlichen Rückzug der Preußen aus der Stadt wurde der brave Mann in der schlesischen Gasse von einem der hier sie verfolgenden Oesterreicher rücklings erschossen.

Es war vielleicht nahe an Mittag, da kamen zwei Leute von der andern Seite des Platzes zu mir gelaufen und baten mich, ich möchte doch sogleich unter die Rathauslaube kommen, es wäre dort ein verwundeter österreichischer Ofizier. Eiligst ging ich hin und fand einen preußischen Militär mit dem Verwundeten bereits beschäftigt. Auf meine Frage: „Ist der Herr Offizier schon in ärztlichen Händen?" erhielt ich die Antwort: „Ja, ich bin preußischer Assistenzarzt." Ich erwiderte: „Herr Kollega, ich bin hiesiger praktischer Arzt, brauchen Sie etwa meine Assistenz?" Er reichte mir die Hand und erklärte: „Nein, Kollega, ich bin mit dem Verbande gleich fertig, wie Sie sehen, ist es nur eine einfache Fleischwunde (am Arme). Wenn Sie sich aber uns als Arzt erkenntlich machen und Dienste leisten wollen, so stecken Sie doch die Genfer Binde an." Ich ging und tat es. (Meine Landsleute, welche die Bedeutung derselben nicht kannten, frugen mich alsbald mit Blicken voll bittern Vorwurfs: „Aber Herr Doctor, sind Sie denn schon zu den Preußen übergangen?")

Diese Binde hat mir und vielen andern, welche es mir bald nachmachten, am Nachmittage, abends und die folgenden schweren Tage noch ser viel genützt. — Ich begegnete zum Schluße bald nach 12 Uhr in der Rathauslaube dem Dr. Roth inmitten zweier preuß. Soldaten mit aufgepflanztem Bajonnet gehend. „Was soll denn das bedeuten?" frug ich ihn. „Ich bin für gefangen erklärt." — „Ja weßhalb denn?" „Weil in der Stadt auf die Preußen geschossen worden sein und ich deshalb einen „Verrat" begangen haben soll." „Unsinn", erwiderte ich, „wer kann denn das behaupten. Wohin gehst Du jetzt?" „Requiriren für die anbefolene Verpflegung." Die Soldaten drängten auf Abbruch des Gespräches; Dr. Roth sprach noch einige Worte, seine Familie betreffend, zu mir und dann sahen wir uns über 80 Tage lang nicht wieder.

Es wird wol, ich zweifle nicht, für Viele, welche den kriegerischen Gang und Verlauf des so heißen und blutigen 27. Juni im Treffen bei Trautenau etwas eingehender kennen lernen möchten, sehr interessant sein, einige u. zw. doch nur die wichtigsten Mitteilungen aus dem österreichischen und preußischen Generalstabswerke darüber, hier weiter lesen zu können. Ich will selbe, stellenweise mit An- und Bemerkungen von mir verbunden, im folgenden Abschnitte anreihen.

III. Abschnitt.

(Die Dragoner-Attake. Gefechtsbeginn. Militärische Urteile. Ordres de Bataille. Sturmangriffe. Schwankendes Gefecht. Sturm v. Knebels Brigade. Oesterreichs Sieg. Zeitungsberichte. Fontane. Der 28. Juni. Kronprinz Friedrich. Verwundete und Todte. Fabriksbrand. Ein Kugellauf. Erstes Requisizions-Aktenstück.)

Das preußische Generalstabswerk „Der Feldzug von 1866 in Deutschland" (Berlin 1867) bringt seinen Bericht über das „Gefecht Trautenau" auf S. 118—130, den über das „Gefecht von Soor" (wol zutreffender Rudersdorf-Neurognitz) auf S. 162—172.

Nach Skizzirung der Kavallerie-Attake der 3. und 5. Eskadron des lithauischen Dragoner-Regiments, denen sich noch andere Eskadronen unter Major v. Jastrzembski und Rittmeister v. Öttinger gegen das Regiment Windischgräz-Dragoner und Mensdorf-Ulanen anschloßen, welche unter dem südwestlichen Abhange des heute Gablenzhöhe genannten Berges auf den Trautenau-Hohenbrucker Feldern losbrach und rasch ein heftiges Handgemenge zur Folge hatte, das sich aber entwirrte, als herbeieilende preußische Infanterie, bald auch österr. Jäger in dasselbe hineinfeuerten und wodurch es ein rasches Ende erfur, wobei die preußischen Dragoner erhebliche Verluste an Mannen und Pferden erlitten haben, folgt S. 120 der Bericht.

Ein wiener militärisches Blatt schilderte diesen Reiterkampf folgendermaßen:

„Als am 27. Juni morgens die Avantgardespitzen des 1. preuß. Korps heranrückten, wurden die vor Trautenau stehenden Dragoner-Posten unter dem Schutze der verstärkten Plänklerkette langsam zurückgezogen und nur durch einige rechtzeitig unternommene Schwarmattaquen der ohnehin sehr vorsichtig und behutsam sich annähernde Gegner aufgehalten. Das hierauf versammelte Regiment Windischgrätz-Dragoner nam mit drei Eskadronen und drei Zügen an der Straße nach Königinhof auf dem Bergrücken ober Hohenbruck Stellung. Indessen war daselbst die Brigade Mondel angelangt, und wärend sich diese bereitete, den sich vor Trautenau formirenden Feind anzugreifen, nahm der Herr Oberst Fürst Windischgrätz das Vorbrechen feindlicher Dragoner aus der Vorstadt, auf der Straße nach Pilnikau, wahr, und entschloß sich augenblicklich, durch das Zurückwerfen derselben den Angriff der Brigade wirksam zu unterstützen. Er stellte sich an die Spitze von sieben Zügen, ließ diese den ziemlich steilen Abhang hinabreiten, die

Schlucht bei Hohenbruck übersetzen, zog sich in der Mulde links gegen
Weigelsdorf und befal den Aufmarsch und die Attaque, wie er in die
Höhe der Aufstelluug der aufgeschwenkten feindlichen Dragoner, des
ersten ostpreußischen Regiments, gekommen war. Somit war der Angriff in die rechte Flanke des Feindes gerichtet. Dieser schwenkte mit
vieler Präzision und Ruhe mit drei Schwadronen rechts auf und ging
dem Angriff mutig und entschlossen entgegen, die vierte Schwadron
folgte als Reserve nach. Indessen war der Herr Oberstlieutenant von
Kutschenbach disponirt worden, den Rest des Regiments, zwei Eskadronen, dem Herrn Obersten nachzuführen und ihn erforderlichen Falles
aufzunemen, er war ihm jedoch nur bis in die Mulde in Zugskolonne
gefolgt und dirigirte sich da gerade gegen die pilnikauer Straße, um
die rechte Flanke der vorausmarschirten Abteilungen zu decken, ließ,
als er das Attaquezeichen bei diesen hörte, sogleich aufmarschiren und
vorrücken und kam so dem mit den ersten Abteilungen zusammen-
stoßenden Feinde in die linke Flanke, mit dem größten Teile der zuletzt
aufmarschirten Eskadron, die wärend dem Anprallen links einbog, sogar
in den Rücken. Bis dahin hatten die Preußen wacker Stand gehalten,
doch nun ging das Handgemenge in ein förmliches, furchtbares Ge-
metzel über, dem sie sich schleunigst zu entziehen suchten. Bei dieser
Flucht verloren sie noch viele Leute durch das Feuer ihrer eigenen
Infanterie, die aus ihrer gedeckten Stellung in den Knäuel hineinschoß
und ohne Unterschied Freund und Feind bedrohte, den Herrn Obersten
aber jedenfalls bestimmte, Appell blasen zu lassen.

Die Attaque war vollkommen gelungen, das preußische Reiterregiment unfähig gemacht, in eine neue Akzion zu treten".

So berichtet der „Kamerad".

S. 120 heißt es in dem Bericht: „Oberst v. Beeren
entwickelte jetzt (gegen 11 Ur) 5 Kompagnien des Regiments
Kronprinz gegen die Höhen (heute Kapellenberg und Knebel-
berg gen.), wärend eine Kompagnie die Stadt-Lisière (Rinneln)
besetzte und 2 Kompagnien als Reserve zurückgehalten wurden. Das Pionnir-Detachement beteiligte sich ebenfalls
am Gefecht und auch in der Stadt fielen einzelne Schüße
aus den Häusern, was sich in späteren Gefechtsmomenten
wiederholte."

Mit dieser Stelle will und kann der preuß. Generalstabsbericht über das Gefecht nicht sagen, dass österr.
Soldaten oder etwa gar Bürger hinüber auf die Höhen, um
deren Besitz sich eben die Preußen und Oesterreicher blutig
rauften, geschoßen haben, denn in der 11. Stunde war
Trautenau, alle Häuser an den Höhen nach Süden, von
Preußen besetzt, letztere schoßen aus den Dachlucken und
aus den Stockwerken dieser Häuser hinüber auf die auf den
Berglenen an und in den Wäldchen derselben (jetzt Czerny-

und Pohl'scher Garten) sich vor- oder rückwärts bewegenden österr. Jäger und Infanteristen und diese schoßen, freilich einmal nur gegen zehnmal preußischerseits hinüber auf ihre in den Häusern geborgenen Feinde; — das Zündnadelgewehr war bei Trautenau und am 28. wieder der eigentliche Besieger der österr. Brigaden.

Es heißt in dem Berichte weiter: „Die Höhenposition war in der Front kaum zu forciren, auch hatte das Tirailleur-Gefecht bereits einen sehr heftigen Charakter angenommen, ohne daß es gelungen war, irgend welche Vorteile zu erringen, als sich gegen 11 Uhr das rechte Seitendetachement auf der Chaussee von Ober-Altstadt her näherte. Oberst v. Koblinski rückte mit demselben zunächst in die Stadt ein, . . . — Sobald sich der Oberst über den Stand des Gefechtes orientirte, verstärkte er den Angriff auf den Kapellenberg durch zwei Kompagnien und einen Jägerzug, die flankirende Bewegung der 3. Kompagnie aber nach und nach noch durch fernere 3 Kompagnien. 2 Kompagnien und der Rest der Jäger verblieben in Reserve" (in der Stadt). — U. s. w. — Zweck dieser Schrift kann es wol nicht sein, den rein militärischen Teil dieser Kampfgeschichte nun noch mehr ins Detail zu verfolgen; es wird genügen, den Beginn des Gefechts mitzuteilen und zum Schluße des Berichtes über den auf dem äußerst schwierigen Terain ungemein anstrengenden, schrecklich blutigen Kampf das Urteil des preuß. Generalstabsberichtes über den Ausgang desselben, der mit einem fluchtartigen Rückzuge des Feindes, nun mit einem glänzenden Siege der Oesterreicher — namentlich durch die Brigade Knebel errungen — endete, noch anzufüren; es lautet: „Das 1. Armee-Korps war wärend des ganzen Tages in ein nachteiliges Verhältniß dadurch getreten, daß nicht gleich anfangs Trautenau und die dominirenden Höhen besetzt und so das Debouchiren der Gesammtmacht gesichert wurden" — (da gilt das verbum: Mutato nomine — loco Borussi Austriaci — fabula de te narratur). — Uebrigens hatte unser 10. Armee-Korps von Deutschprausniz, Schurz und Dubenez her einen längeren und ermüdenderen Aufmarsch gegen Trautenau als das preuß. Korps (von Libau her) und ist am Morgen des Tages (27.) die Verpflegung unserer Truppen auch nichts weniger als eine wol genügende ge-

schweige denn eine kräftig r e i z e n d e gewesen, wie sie das
ja am 26. und früh am 27. Juni in Königshan-Bernsdorf-
Parschnitz und selbst in Trautenau noch — und vom Schön-
berg her in Adersbach, Quallisch für die Preußen war. —
Ich habe nun die wichtigsten Daten über das T r e f f e n
bei T r a u t e n a u noch aus dem österr. Generalstabswerke
„Oesterreichs Kämpfe im Jahre 1866" anzuführen. Es seien
voran die beiden Ordres de bataille für den 27. Juni aufgenommen.

Unter dem Befel des Kommandanten des X. Armee-
korps standen die Brigaden : Oberst Mondel mit den Infanterie-
Regim. Nr. 10 und 24, dem 12. Jäger-Bat. und einer 4pfünd.
Fuß-Batterie; ferner Brigade-Oberst Grivičič m. d. Inf.-
Reg. Nr. 2 und 23, dem 16. Jäger-Bat. und einer 4pfd.
Fuß-Batt.; dann Brigade: GM. Baron Wimpffen m. d. Inf.-
Reg. Nr. 13 und 58 und einer 4pfd. Fuß-Batt., und in
Reserve die Brigade GM. v. Knebel m. d. Inf.-Reg. Kaiser
Franz Josef Nr. 1 und Erzh. Karl Nr. 3, dem 28. Jäger-
Bat. und einer 4pfd. Fuss-Batt.; zu dem Korps gehörten
noch 3 Eskadronen vom Uhlanen-Reg. Mensdorff Nr. 9 und
unterstellt war dem Korpskommando auch das Dragoner-
Reg. Windischgrätz, das zum Teil bereits Ende Mai in
Trautenau eingerückt war. Zusammen waren es 28 Bataillone
Infanterie, 8 Eskadrons, 72 Geschütze, 1 Korps Pionnire
und 1 Brücken-Equipage — Summa ca. 30.000 Mann.

Preußischerseits zogen unter General d. Inf. v. Bonin,
Kommandanten des preuß. I. Armeekorps (Ost- und West-
Preußen) in Kampf, u. zw. von Schömberg her die 2. Division
Gen.-L. v. Clausewitz und die Reserve-Kavallerie-Brigade
Oberst v. Bredow; von Liebau her die 1. Division Gen.-L.
v. Grossmann mit der Avantgarde-Brigade Gen.-M. v. Pape,
und einem Detachement von 2 Bat., 1 Jäger-Komp., 1 Eskad.
und 2 Geschützen unter Oberst v. Koblinski über Schatzlar-
Oberaltstadt; dann die Reserve Brigade GM. v. Barnekow
und die Res.-Artillerie des Armeekorps. — Bei der 1. Division
standen 2 Bat. des 1. Grenadier-Reg., 4 Komp. d. 1. Jäger-
Bat., 2 Bat. d. 41. Inf.-Reg., 1 Füselier-Bat. d. 41. Inf.-
Reg., 1 Füs.-Bat. d. 1. Gren.-Reg., 5 Eskad. d. 1. Drag.-
Reg. und 3½ Eskad. d. 8. Uhl.-Reg.; bei der 2. Division
die 4. Inf.-Brigade unter dem Kommando GM. Baron

v. Buddenbrock m. d. Inf.-Reg. Nr. 45, dem Gren.-Reg.
Nr. 5, ferner die 3. Inf.-Brigade unter dem Kommando GM.
v. Malotki m. d. Inf.-Reg. Nr. 44, dem Gren.-Reg. Nr. 4,
dem Leib-Huss.-Reg. Nr. 1 und 4 Batt.; die 2. Inf.-Brigade
unter dem Kommando GM. v. Barnekow m. d. Füsil. und
1 Bat. des 43. Int.-Reg., 1 Füs.- und $1^1/_2$ Bat. des 3. Gren.-
Reg., 1 Batt.; die 1. Kavall.-Brigade unter dem Kommando
des Oberst v. Bredow m. d. 3. Kürass.-Reg., dem 12. Uhl.-
Reg. und 1 Batt.; endlich die Reserve-Artill. unter Oberst
v. Oertzen m. 7 Batt. und 3 Komp. des 1. Pion.-Bat. —
Zusammen $22^1/_2$ Bat. Infanterie, 1 Jäger-Bat., 21 Eskad.,
96 Geschütze, 1 Bat. Pionnire, hiezu noch die Kavall.-
Division GM. v. Hartmann.

Der Kampf an der Stadt — ganz nahe dem Ringplatz — begann in der 10. Morgenstunde, in der Stadt
selbst fand keinerlei statt.

Truppenteile der k. k. Brigade Mondel, u. zw. das
Regiment Parma (Nr. 24) und das 12. Jäger-Bat. waren
mittlerweile auch auf die Höhen südlich von Trautenau vorgerückt und namen das Feuergefecht, das von den Preußen,
von der inzwischen ganz herangerückten Avantgarde-Brigade
Pape, u. zw. von 2 Bat. des 1. Gren.-Reg. und 1 Bat. des
41. Inf.-Reg. und 3 Jäger-Kompagnien an der Süd-Lisiére
rasch eröffnet wurde, sofort auf. Diese gingen gegen die
nördlichen Abhänge der Höhen (der Stadt zugewendet) vor.
An diesen — in's Wäldchen des Hopfenberges (jetzt Knebel-
berg), in die Gärten bis an die Häuser der Rinnelstraße waren
schon österr. Jäger (Plänkler) vorgedrungen, welche nun
aus ihrer gedeckten Stellung einzelne Schüße auf die an-
stürmenden Preußen abgaben, dann auch in die gegenüberliegenden Dächer und Stockwerke der Südfront der Häuser-
reihe, in welche die Preußen in der Stadt sogleich einge-
drungen waren, schoßen, ferner auch durch die engen Seiten-
gässchen (Pforten gen.), welche aus den Rinneln nach der
Stadt füren, auf die anmarschirenden preuß. Bataillone
feuerten. Diese Schüße haben beim Feinde die so irrige
Meinung hervorgebracht, es sei bei Beginn des Kampfes von
in der Stadt versteckten österr. Soldaten auf die Preußen
geschoßen worden — daher der absolut unbegründete Ver-
dacht des Verrats.

In der 11. Stunde versuchten preuß. Abteilungen aus der Stadt die Höhen zu gewinnen, wurden jedoch von den Oesterreichern zurückgewiesen. Das 3. Bataillon Parma versuchte dagegen die Preußen am Fuße des Kapellenberges zum Weichen zu bringen, wurde jedoch von diesen mit großen Verlusten zurückgeschlagen.

Bis 11 Uhr wurde von beiden Seiten mit schwankenden Erfolgen um die Höhen (nächst Trautenau) gestritten, in der 12. Stunde erweiterte sich das Kampffeld, indem Bataillone des 44. und 45. Reg. mit einer 4pfd. Batterie von Parschnitz aus nach Alt-Rognitz zu — gegen die rechte Flanke der Brigade Mondel vorgingen, in der Front war Oberst Koblinski mit 5 Bat. des 41., 4. und 5. Reg. und 1 Jäger-Bat. gegen Hohenbruck vorgerückt. Die preuß. Artillerie hatte teils auf dem Hummel (nördlich der Stadt), teils auf dem Knebel- und Kotzauerberge Stellung genommen. Auf den Höhen bei Neu-Rognitz standen links und rechts der Straße österr. Batterien, die Schlünde gegen die Stadt gerichtet; und diese beschoßen jene mit bewundernswerter Treffsicherheit. — Die Preußen entwickelten nun einen massenhaften und heftigen Angriff auf die österr. Posizionen. Es kamen die Brigaden Grivičič und Wimpffen von Schurz-Jaromiř rechtzeitig an und mußten sofort in den Kampf um die rognitzer Höhen, Gehölze und Schluchten mit eingreifen. Es entstand ein sehr blutiges Vor- und Zurückgehen beider Kämpfenden, namentlich richteten die österr. Kanonen große Verheerungen in den Reihen der Preußen an und zwangen meist mit wenig Schüßen die preuß. Batterien ihre Posizion zu verlassen; dagegen streckten wieder die Zündnadelgewehre der preuß. Bataillone ganze Reihen österr. Soldaten nieder. Gegen $4\frac{1}{2}$ Uhr wichen jedoch alle preuß. Truppen zurück und es unterblieb auch der beabsichtigte preuß. Kavalleriangriff infolge des wirksamen Feuers der österr. Geschütze. — Es handelte sich dann nur noch um die Gewinnung und Besetzung der Höhen bei der Johanneskapelle, welche GM. v. Barnekow mit 2 Bat. d. Reg. Nr. 43 besetzt hatte. — Diese wollten nun Truppenteile der Brigade Wimpffen (2 Bat. Ramberg und das Reg. Erzh. Stefan) mit aller Aufopferung nemen; und sie warfen von einigen Punkten vorgeschobene Abteilungen

des Gegners, welche sich unter schweren Verlusten zurück-
zogen, wobei die kaiserlichen Truppen ihnen unter klingendem Spiele nachstürmten; vor dem Johannisberge wurden
sie aber von einem verheerenden Kleingewehrfeuer empfangen
und mußten sich zurückziehen.

Es kam dann der entscheidende Moment. Die letzte
(4.) Brigade Knebel des Gablenz'schen Armeekorps war,
nachdem sie um $10\frac{1}{2}$ Ur vormittags von Dubenez (südlich von Königinhof) aufgebrochen, gegen 5 Ur auf der
südlichen Höhe bei Hohenbruck eingetroffen.

FML. Gablenz, der einen Flankenangriff seitens der
1. Garde-Division von Eipel-Altrognitz her befürchtete, hatte
dem GM. v. Knebel den Befel erteilt, sich zwischen Neu-
Rognitz und Hohenbruck die Straße entlang als Reserve
aufzustellen. — Knebel beobachtete den unglücklichen Angriff und das Weichen des Reg. Stefan auf den Kapellenberg; dem konnte er nicht länger ruhig zusehen; er rief
seine Stabsoffiziere zusammen und redete sie beiläufig wie
folgt an: „Kameraden, der Feind behauptet diese Höhen,
sie bieten ein günstiges Terrän für einen Sturmangriff, wir
haben kräftige, mutige Regimenter, die Preußen wichen
schon; ich bin dafür, dass auch wir stürmen, wer ist mit
dafür?" „Wir alle, hurrah, stürmen wir!" scholl es dem
General entgegen und nun ordnete er unverzüglich die Vor-
rückung der ganzen Brigade gegen die Höhe des Kapellenberges an.

Voran in der rechten Flanke der Brigade das 28. Jäger-
Bat., im Zentrum das Reg. Kaiser, das Reg. Erzh. Karl im
2. Treffen, auf dem linken Flügel die Batterie 3/III, welche
die Johanneskapelle beschoß, um den Vormarsch der Truppen
zu protegiren. — So gingen die kaiserl. Truppen tapfer vorwärts und um $5\frac{1}{2}$ Ur begann der mörderische Angriff; die
beiden Bataillone (Reg. 43) sandten den Stürmenden einen
wahren Kugelregen entgegen, das 1. Bat. Kaiser verlor seinen
Kommandanten, Oberst-Lieut. v. Habermann und einen
großen Teil seiner Offiziere, dem 3. Bat. unter Major Pilati
und dem 2. unter Major van der Sloot gelang es, die
Höhe von der westlichen Seite zu ersteigen, wobei Major
Pilati, der Erste seiner Abteilung auf der Höhe anlangend,
von einer Kugel tödtlich getroffen fiel. Das Reg. Erzh.

Karl war so nahe am ersten Treffen, daß ein Teil desselben fast gleichzeitig mit den Kameraden des Kaiser-Regiments um $6^1/_4$ Ur die Höhe erstürmte, wobei sein Kommandant Oberst P e h m und Oberst.- Lieut. Wilhelm Baron S t e n g l i n den Heldentod fanden.

Der furchtbare Kampf drang sogar bis in die Kapelle hinein, selbst da floß noch beiderseits Blut, — das österr. Ziel dieses Tages war erreicht; die Oesterreicher hatten durch die Erstürmung des Kapellenberges einen vollständigen, aber teueren Sieg errungen.

Das Jäger-Bataillon hatte auch die Krieblitzer Vorstadt erstürmt, dieses und eine Division des 3. Bat. Kaiser unter Hauptmann Wurmb verfolgte die fliehenden Bataillone bis Parschnitz. Oberst Grivičič ließ später von einer Batterie, welche auf dem Kotzauer Berge aufgefaren war, in den gegenüberliegenden bewaldeten Berg (südlich von Parschnitz), wo sich das preuß. 3. Gren.-Reg. sammelte und das 1. Jäger-Bat. aufgestellt war, mit Shrapnels hineinfeuern, was die Preußen bestimmte, auch diese ihre letzte Posizion zu räumen. Ein letzter Kanonenschuß derselben Batt. unter Hauptmann Grigkar brachte auch noch eine preuß. Batterie am linken Aupaufer (vor Dorf Wolta) zum Schweigen, da das abgefeuerte Holprojektil in deren Aufstellung platzte. — In der 9.Abendstunde erschienen die Windischgrätz-Dragoner wieder in der Stadt. Um $9^1/_2$ Ur war der Donner der Kanonen gänzlich verstummt. — Die Stadt atmete auf.

Der Sieg war furchtbar teuer erkauft. Von Oesterreichern betrug der Verlust an Todten: Offiziere 66, Mann 1038, Pferde 40; an Verwundeten: Offiziere 104, Mann 1796, Pferde 42. Vermisst waren 803 Mann, 17 Pferde. Verwundet gefangen: Offiziere 13, Mann 594, Pferde 10. Unverwundet gef.: Offiziere 8, Mann 365. — Der Gesammtverlust der Oesterreicher beziffert sich daher mit 191 Offizieren, 4596 Mann und 109 Pferden.

Das preußische I. Korps hat 56 Offiziere, 1282 Mann und 78 Pferde verloren.

Die Unentschiedenheit des Gefechts bemerkten die Trautenauer, deren Gemütsstimmung nachmittag selbstredend eine trostlose war, wozu das Verhalten der preuß. Truppen in der Stadt mit noch wesentlich beitrug, als die in der

5. Stunde durch Trautenau vorrückende Kavallerie, prächtige Regimenter, plötzlich Halt machte und bald wieder umkerte.

In der Stadt, in mehreren Häusern lagen bereits viele Verwundete, zumeist Preußen und hatten die preuß. Militärärzte sofort nach Beginn des Gefechtes das große Haase'sche Wonhaus zur Aufname von Verwundeten zu ihrem Lazaret eingerichtet. In dasselbe wurde Schreiber dieses gegen 5 Ur nachmittags, wärend die preuß. Kavallerie und die Artillerie bereits durch die Stadt hinabzogen, zum Generalarzte des I. Armeekorps, Dr. Hasse, gerufen, welcher in Gegenwart anderer preuß. Stabsärzte an mich die Frage richtete, ob ich geneigt sein möchte, sich der preuß. Verwundeten nunmehr anzunemen und ihnen ärztliche Hilfe zu leisten, und ob ich auch hinreichende Unterstützung an den städtischen Kollegen finden würde, da sie (die preuß. Aerzte) sich, um hier nicht gefangen genommen zu werden, mit der sich zurückziehenden Armee auch zurückgehen wollen. Ich bejahte beide Fragen, entschieden die Pflichten eines Arztes gegen Freund und Feind betonend; damit beruhigt verließ in der 6. Stunde auch das ärztl. preuß. Personale unter Zurücklassung einiger Heilgehilfen die Stadt.

Von den kaiserlichen Truppen bezog noch vor Anbruch der Nacht die Brigade Wimpffen mit dem 3. und 4. Bat. Erzh. Stefan auf den Höhen nördlich von Trautenau die Vorposten, das Regiment Bamberg hielt Trautenau besetzt, das 1. und 2. Bat. Erzh. Stefan mit der Batterie der Brigade Grivičič lagerten auf dem Kapellenberge, die Brigade selbst biwakirte auf den südlichen Höhen von Parschnitz, das Kommando über diese beiden Brigaden übernam GM. Baron Koller,*) wärend FML. Baron Gablenz sich zu der Brigade Mondel, welche nördlich von Neu-Rognitz das Biwak bezog, begab. Die Brigade Knebel lagerte bei Hohenbruck, vom 28. Jäger-Bat. blieben bei Trautenau die 1., 2. und halbe 3. Komp., u. zw. in der krieblitzer Vorstadt.

---

*) Der Herr General kam in der Nacht auch in das Haase'sche Haus-Lazaret, besuchte die Krankenzimmer im 1. Stockwerk, wo sehr viele Preußen meist auf den auf dem Fußboden hergerichteten Lagern ruhten, es waren darunter auch mehrere Fänriche, vielleicht auch Offiziere, welche am 28. und 29. Juni bereits Trautenau wieder verließen.

Wie sah es nun am Tage und abends am 27. Juni in Trautenau aus? Schreiber dieses kam nach Uebername des Lazarets im Haase'schen Hause die Nacht hindurch aus demselben nicht heraus, er sah aus den Fenstern desselben bisweilen nur dem bunten, man kann sagen, fast froh bewegten Treiben unserer, von der Hitze und den Strapazen des Tages nahezu verdursteten Soldaten zu. Da gab es Händedrücke und Umarmungen auf dem Ringplatze mit den Windischgrätz-Dragonern und mit den vom Kapellenberg als Sieger herabgestiegenen Ober- und Unteroffizieren der Infanterie; jene tränkten auch ihre Rösser im Brunnwasserbassin und nur um ein Glas Bier baten sie für sich, doch die Leute brachten Krüge und Gläser damit gefüllt, ferner Nahrungsmittel so rasch und so viel, als sie eben schnell herbeizuschaffen imstande waren. „Groß war" — ich lasse von hier einen österr. Berichterstatter über den 27. und 28. Juni weiter schreiben — „der Jubel der Einwonerschaft Trautenau's, da Gablenz als Sieger am Abende dieses schreckenvollen Tages in die Stadt einzog. FML. Gablenz sorgte zuerst für seine braven Truppen, damit ihnen Speise und Trank zu Teil werde. Erstere kochten sie sich auf dem Ringplatze, letzteren verabreichte ihnen die Bräukommune.

Am 28. Juni frühzeitig sah man scharenweise die Bewonerschaft Trautenau's und der Umgegend nach dem Johannesberge und den übrigen Punkten des Schlachtfeldes wallfarten, um teils Verwundete zu laben und in die Lazarete zu schaffen, teils die bereits tags vorher Verschiedenen zu beerdigen.

Tieferschütternd war der Anblick, als man die Menge der Verwundeten und Todten liegen sah; mannigfaltig war sowol die Todesart nach Art der Schuß- oder Stichwunde, sowie die Lage (Form der Stellung) der Todten und Verwundeten. Hier lag einer ausgestreckt mit von den Händen bedecktem Gesichte, da sah man deutlich in den Gesichtszügen noch den Schmerz oder Ingrimm, der durch geballte Fäuste noch mehr ausgeprägt wurde oder aber mit krampfhaft in den Rasen greifenden Händen erkenntlich war; dort wieder lag einer, dessen Gesicht fast das eines noch Lebenden zu sein schien, indem er mit offenen Augen und gefalteten Händen seine Seele ausgehaucht hatte. Und so könnte man noch verschiedene Stellungen und Verstümmlungen angeben, die man an den Tapferen wahrgenommen.

An demselben Tage lagen die vom vorhergehenden Tage ganz ermüdeten Krieger am Ringplatze in den frühen Morgenstunden am Steinpflaster oder den Tornister unterm Kopf, um wenigstens teilweise von den großen Strapazen auszuruhen. Gegen 6 Ur früh traf FML. Gablenz, der wärend der Nacht in die Stadt gekommen war, noch verschiedene Anordnungen, verfügte sich sodann unter die am Ringplatze aufgestellten Truppen, von denen er mit lauten und stürmischen „Hochrufen" empfangen wurde. Als er dann noch die Reihen der Krieger entlang gegangen war und zu den verschiedenen Truppengattungen belobende und aufmunternde Worte gesprochen, ritt er in größter Eile zum Obertore hinaus.

Mittlerweile zog das Infanterie-Regiment Bamberg mit klingendem Spiele in die Stadt ein; dann wurden noch Gefangene mittelst Eskorte nach Josefstadt geschickt, wärend am Ringplatze das Militär kochte und sich labte, so gut es eben anging. Das nötige Bier gab wieder die Bräukommune aus dem städtischen Bierkeller.

Hierauf sprach ich mit dem General Herrn Wimpffen über die Tags vorher von den Preußen verübten Gräuelszenen, worauf mir der leutselige General erwiderte: „Daß Sie Wahrheit reden, sehe ich an den zerstörten und durchbrochenen Thüren, Fenstern und zerschossenen Häusern", (einige krepirte österr. Granaten stacken zum Teil in Häuserfrontmauern, einige nicht krepirte lagen unter Dach.)

Nach weiterem Gespräche über das undeutsche Vorgehen dieser Preußen suchte ich Personen am Ringplatze auf, um sie zu bewegen, bei Herbeischaffung der Verwundeten vom nahen Schlachtfelde behilflich zu sein. Einzelne waren dazu bereit, die Mehrzal aber aber war nicht einmal gegen Barzalung zu bewegen mit Hand anzulegen, so daß sehr achtbare Bürger, Komtoiristen und andere junge Herren sich herbeiließen, und sich oft über ihre Kräfte anstrengten, um nur annähernd der großen Anzal der Verwundeten Erleichterung, Labung und Pflege zu verschaffen."

Wie haarsträubend, Lüge auf Lüge häufend schreibt dagegen über den 27. und 28. Juni eine preußische Feder in Berlin:

„Kaum hatten unsere Truppen die Stadt gefüllt, als auf ein vom Stadtturm gegebenes Signal aus allen Fenstern und Dachlucken, teils von Bürgern, teils von Soldaten, die in den Häusern versteckt waren, ein mörderisches Feuer auf die Preußen eröffnet wurde. Aber nicht genug hieran. Es steht fest und wird durch viele schrecklich Verwundete bestätigt, dass auch siedendes Oel und Pech, so wie kochend heißes Wasser (!) von oben her aus den Häusern auf die preußischen Soldaten herabgegossen wurde. Wahrlich, die Feder sträubt sich, eine Barbarei zu verzeichnen, wie sie selbst bei den wildesten Völkern Afrikas und Australiens ohne Beispiel ist. (!)

Eine große und gerechte Wut bemächtigte sich unserer Soldaten. Viele- Einwoner Trautenaus mußten sofort ihre Hinterlist durch eine tödtliche Kugel aus den sicher treffenden preußischen Gewehren büßen und manches Haus wurde erstürmt und zerstört. (!) Nur der großen Mäßigung unserer Truppen ist es zuzuschreiben, dass an diesem Tage in Trautenau überhaupt noch ein Stein auf dem andern geblieben ist. (!)

Bald zeigte sich der Roth'sche Verrat in seinem ganzen Umfange. Einige preußische Regimenter (!) nämlich, welche die Stadt umgangen waren, stießen hinter derselben auf eine bedeutende österreichische Streitmacht, welche in wol verschanzter und gedeckter Stellung zum Kampfe bereit dastand. Aber die wackern Altpreußen ließen sich dadurch nicht irre machen. Mit Todesverachtung stürmten sie durch hohe Kornfelder, durch tiefe Wassergräben und Verhaue (!) gegen den Feind an und nach blutigem Kampfe gelang es ihnen, die sämmtlichen Posizionen desselben zu erobern. Eben dachten sie auf ihren schwer errungenen Lorbeeren auszuruhen, da nahte sich plötzlich mit bedeutenden Heeresmassen der österreichische Feldmarschall Gablenz. Mit diesen frischen Streitkräften konnten die Preußen, todtmüde wie sie waren, den Kampf nicht aufnemen. Langsam und in vollständiger Ordnung (!) zogen sie sich über Trautenau nach der schlesischen Grenze zurück.

Das war der erste Kampfestag von Trautenau, an dem so mancher brave Preuße durch schändlichen Verrat (!) sein Leben eingebüßt hat. Wol mag am Abend dieses Tages der tückische Dr. Roth gejubelt haben, dass ihm sein Schurkenstreich (!) so gut gelungen sei, aber er jubelte zu früh und der Abend des 27. Juni war noch nicht aller Tage Abend. Kaum graute der nächste Morgen, so rückte im Sturmschritt von Braunau (!) her das tapfere preußische Gardekorps an, Trautenau wurde wieder genommen und das Korps des Feldmarschall Gablenz mit solcher Bravour angegriffen, dass es total geschlagen, unter Zurücklassung vieler Tausenden von Todten, Verwundeten und Gefangenen in wilder Flucht das Weite suchte.

Jetzt (!) wurde mit dem verräterischen Roth Abrechnung gehalten. Man verhaftete ihn nebst anderen Rädelsführern (!) und führte ihn wol gebunden ab, um ihn demnächst in sicheren Gewahrsam zu bringen.

Zu beklagen sind diejenigen Einwoner Trautenaus, welche sich an der verhängnissvollen That ihres Bürgermeisters beteiligt haben. (!) Die Stadt wird sich vielleicht bald aus ihren Trümmern (!) wieder erheben, nicht so bald aber wird sie den Namen „das verräterische Trautenau" wieder los werden.

Was Roth selbst betrifft, so befindet er sich jetzt angekettet und hinter Schloss und Riegel in der Festung Glogau. Täglich wird ein scharfes Verhör mit ihm vorgenommen (!) und die harte Strafe, die er durch seine schnöde Tat verdient hat, (!) wird bald über ihn verhängt werden (!) Eine nicht geringe Strafe wird es schon für ihn gewesen sein, wenn er davon gehört hat, wie wenig ihm sein Verrat nützte" u. s. w. Einen eben so haarsträubenden tollen Bericht brachte die „Breslauer Zeitung" vom 29. Juni und auch die „Niederschlesische Zeitung" vom 1. Juli in Görlitz.

Heute muß man wahrlich lachen über solche Unwissenheit und Bosheit damaliger Berichterstatter vom Kriegsschauplatze oder solcher, die weit, sehr weit vom Schuße entfernt standen und doch darüber wie Mitkombattanten schrieben. Es waren dies indeß nicht Preußen allein — diese jedoch immer die Mehrzal — sondern auch österr. Skribenten faselten und brachten in w i e n e r Blättern auch solchen wanwitzigen Tratsch.

Gewiß interessant ist nun ein Urteil eines preußischen, nicht unrümlich bekannten Militärschriftstellers, des Herrn Th. F o n t a n e über die Kämpfe bei Trautenau. Er hat es verstanden, mit der wärmsten Begeisterung eine gewiße Objektivität und Zartheit gegen Oesterreich zu verbinden. Seine mit seltener Unparteilichkeit geschriebene Schilderung des Tages von Trautenau (27. Juni) beschönigt in keiner Weise die vollständige Niederlage des Bonin'schen Korps, vielmehr übt der Verfasser eine scharfe Kritik an den ungeschickten Disposizionen des preußischen Kommandanten. „Es habe — und das ist mit dem österreichischen Generalstabswerke zu beweisen — sowol an einer richtigen Verwendung der vorhandenen Truppen, wie an der Entfaltung der Korpsartillerie gefelt." „Man erklärte die Höhen hinter Trautenau für zu steil, um die Batterien hinaufzubringen, obwol jeder böhmische Bauernwagen darüber fährt, und man verlor lieber das Gefecht als das Geschütz." Der preußische General glaubte vormittags das ganze Gablenz'sche Korps gegen sich zu haben, wärend er blos die Brigade Mondel zurückgedrängt hatte. Wie wacker sich die genannte Brigade schlug, geht aus einem Umstande hervor, den man aus Fontane's Buch zum erstenmal erfärt. Eine Abteilung von

Parma-Infanterie warf sich nach der Erstürmung des Johannisberges durch die Preußen in die Kapelle, nam keinen Pardon und fiel bis auf den letzten Mann. Preußischerseits beglückwünschte man sich bereits zum Siege, ehe die Brigade Grivičič und Wimpffen eintrafen und den Kampf erneuerten, der schließlich durch die Brigade Knebel entschieden ward. Letztere erstürmte bekanntlich den Kapellenberg wieder und verrichtete dadurch nach dem Zeugnisse des Feindes „eine außerordentliche Tat, der wenige im Laufe des Krieges an die Seite gestellt werden können“. Sehr vernünftig und gemessen spricht sich Fontane über den angeblichen „Verrat von Trautenau“ aus. Er erklärt überzeugt zu sein, dass von einer eigentlichen Beteiligung der trautenauer Bürger am Kampfe oder gar von einer Falle, die man den preußischen Truppen gelegt habe, nicht die Rede sein könne.

Am Morgen des 28. Juni erhielt Gablenz die Weisung, mit seinem Korps zurück nach Neu-Rognitz, Burkersdorf, Kaile und Deutsch-Prausnitz zu gehen und dort erneuert Stellung zu nemen; er ordnete sofort (7½ Ur) den Abmarsch an, — aber schon in der Nähe von Burkersdorf — auf den Höhen zwischen Staudenz und Neu-Rognitz, sahen die Oesterreicher feindliche Kavallerie (preuß. Garde-Hussaren), hinter welchen noch kleine Abteilungen Infanterie bemerkt wurden. Es waren dies Abteilungen der Avantgarde der 1. Garde-Division; so begann nun wieder ein neuer, sehr blutiger Kampf bei den genannten Ortschaften und bei Alt-Rognitz, Ratsch und Rudersdorf (letztere zwei Dörfer bei Eipel), sämmtlich östlich gelegen von dem Dorfe Soor, nach welchem der preuß. Generalstabsbericht das Treffen in Erinnerung wol an die Schlacht bei Soor i. J. 1745 das „Gefecht bei Soor“ nennt. Da dieses sich verhältnißmäßig gegen das gestrige schon ziemlich entfernt (5—7 km weit) von Trautenau entwickelte und es nicht die Aufgabe dieser Schrift sein kann, die militärische Partie unserer Kriegszeit ausfürlicher zu bringen, so vermeide ich eine weitere Skizzirung dieses Treffens, welches für unsere noch vom Tage zuvor erschöpften und schon sehr stark reduzirten Brigaden, trotz bravster Haltung und noch sehr großer Anstrengungen einen höchst unglücklichen. Verlauf nam, ich gebe nur über das Ende der Kämpfe am 28. Juni noch einige Daten aus dem preuß. Generalstabsbericht.

Die Brigade Mondel befand sich nachmittag bereits im Rückzug über Altenbuch nach Pilnikau, die Brigade Grivičič war bei Rudersdorf vollständig zersprengt worden, ihr Kommandant fiel verwundet in Gefangenschaft, (er wurde nach Trautenau in Pflege gebracht und befand sich in ärztlicher Obhut des Dr. Pauer), und die Brigade Knebel wurde bei Burkersdorf von den Gardebataillonen unter dem Befel des Obersten v. Pape zurückgeworfen; die Brigade Wimpffen war mittags schon angewiesen nach Pilnikau zurückzugehen.

Die Abteilungen der aufgelösten Brigade Grivičič, in verschiedenen Richtungen fliehend, fielen später, der Orientirung und Leitung entbehrend, zum großen Teile dem Gros der preußischen 2. Garde-Division in die Hände, welche von Staudenz die Richtung gegen Trautenau eingeschlagen hatte und hiedurch den kaiserlichen Truppen den Rückzug nach hier abschnitt. — Die Garde-Brigade Fabeck folgte nach und ließ das 2. Bataillon des Garde-Grenadir-Regiment Alexander westlich von Trautenau gegen Nieder-Altstadt vorgehen, woselbst 4 Offiziere und 40 Mann Oesterreicher in seine Hände fielen. Eine aus Trautenau zurückgegangene (österr.) Abteilung wurde von der 4. Eskadron des 3. Garde-Uhlanen-Regiments an der Spinnerei erreicht, wo 9 Offiziere und 400 Mann sich ergaben. — Erst um $5\frac{1}{2}$ Ur nachmittags endete die Verfolgung.

Die Division Plonski biwakirte zum Teil in und bei Trautenau, das Hauptquartier des Gardekorps unter dem kommand. General Prinz August von Württemberg wurde nach Trautenau verlegt, am 28. Juni abends erschien hier auch der Armee-Kommandeur, Se. k. Hoheit der Kronprinz Friedrich von Preußen in Trautenau und nam Wonung im Gasthofe „zum weißen Roß" (mit der Aussicht auf die Schneekoppe).

Die edelherzige Leutseligkeit, mit welcher der in Oesterreich nicht gefürchtete, dinastische Heerfürer unseren Gefangenen (vielen, vielen Offizieren) am 29. Juni begegnete, machte einen ungemein woltuenden Eindruck auf das erbärmlich hergenommene, nun fast verzweifelnde Trautenau. — Aus seinem Wonzimmer konnte Se. k. Hoheit am 29. Juni auch das gräuliche Kriegsbild am Ringplatze überblicken: Soldatenmassen, Kanonen und Reiter, Verwundete unter den Lauben, gefangene Offiziere, trostlose Trautenauer, angsterfülltes Landvolk mit requirirt gebrachten blökenden Rindern und Schafen. — Die Gardetruppen zeigten den Tag, die Nacht hindurch und am 28., wo sie hier weilten, eine freundliche, musterhafte Haltung, es waren eben wolerzogene, sittsamere Deutsche.

In der 6. Abendstunde, da bereits Gardetruppen auf dem Ringplatze standen, erschien im Haase'schen Hause ein preußischer Offizier und frug nach dem dirigirenden Arzte; man fürte ihn zu mir in's 2. Stockwerk. „Herr Doktor", sprach er mich an, „der Herr Obeist (den Namen konnte ich nicht recht verstehen) verlangt Sie zu sprechen." „Was soll ich bei ihm?" „Ich weiß es nicht." Ich mußte gehen. Er fürte mich zu ihm in der Nähe des Gerichtsgebäudes. Der Herr Oberst saß am Pferde und sprach Folgendes zu mir: „Herr Doktor, wir haben von unseren Verwundeten hier vernommen, daß Sie ihnen gestern und heute die freundlichste Obsorge gewidmet haben, und daß auch die Bevölkerung sie sehr gut behandelt hat; ich danke Ihnen namens der Armee verbindlichst dafür." „Das war unsere Pflicht, Herr Oberst," antwortete ich und ging ins Lazaret zurück. Vielleicht eine Stunde später wiederholte sich mir gegenüber dieselbe Danksagung seitens des Kommandeurs der 2. Garde-Infanterie-Division, des General-Lieutenant v. Plonski.

Am 29. mittags ließ mich dieser gemütliche preuß. General auch zu sich kommen, er erkundigte sich nach den Geschehnissen der jüngst vergangenen zwei Tage, riet mir eindringlich die Bildung einer Stadtbehörde an, weil, wenn eine solche nicht bald konstituirt würde, das für die Stadt nur recht schlimme Folgen haben könnte und gab mir Excellenz auch über mein Ersuchen eine Empfelungskarte für seine Nachfolger hier, worin er mich „als sehr zuverläßig, der die Gegend und Verhältnisse kennt, empfielt."

Und der schöne Herr, der imposante und hochsinnige deutsche Kriegersmann, der Freund unseres Kaisers, der preußische Kronprinz Friedrich hätte in Trautenau beinahe — es hat wahrhaftig nicht viel gefelt — kein fleischliches

Abendbrot in seinem Absteigequartier bekommen; die Frau Stark, deren Gatte gebunden, gefangen, bereits in Bolkenhains Gefilden seufzte, sollte es herbeischaffen und in ihrer Hôtelküche mit Zutaten aus ihrem Speisegewölbe vom kronprinzlichen Koche zubereiten lassen. Zum Adjutanten oder zu letzterem sagte sie dann: „Ja, wo soll ich denn ein Fleisch hernemen, ich habe nicht ein Lot im Hause, alles habe ich schon gestern und heute hergegeben. Ich weiß auch nicht, wo ich ein Stück bekommen könnte." Und da wurden ein Paar Gardemänner drum ausgeschickt und in einer Viertelstunde brachten sie es. — Der Kronprinz erklärte sich zufriedengestellt.

Am 29., 30. Juni marschirte wieder das 1. preußische Armeekorps durch Trautenau wol nach zwei verschiedenen Richtungen südlich und westlich vor, es war rückkerend nach seinem doppelt schweren Unfall am 27. nichts weniger als gelassen, einsichtsvoll und gutartig geworden; ich will nur eine Tatsache dafür zum Belege anfüren und über vieles anderes mehr stillschweigen, weil mehr zu häßlich ist und zu widerwärtig wird; den Beleg entneme ich dem „Neuen (wiener) Fremden-Blatte" vom 2. Juni 1867 einem langen Artikel über den 27. Juni 1866 in Trautenau von mir, es heißt darin: „Ich (Schreiber dieses) fur am 14. Juli mit den sehr erenwerten Johanniterrittern, Kammerherrn Baron v. Senden und Herrn v. Buggenhagen nach dem eine Meile von hier entfernten Schlosse Wildschütz, um dieses behufs Adaptirung für ein Lazaret zu besichtigen. Hier zeigte uns der Verwalter die Taten, welche die Ostpreußen am 29. Juni verübt hatten. Ein gräßliches Bild der Verwüstung. Wie oft brach da Freiherr v. Senden in die Klage aus: „Man muß sich schämen, daß das Preußen waren," und Herr v. Buggenhagen, ein tiefgemütlicher Mann, war trostlos über das Geschehene.

Am 29. und 30. Juni konnte man erst an die Beerdigung der alsbald, oder oft erst nach stundenlangem Todeskampfe verblichenen, für — beider Staaten Ere und Wol gestorbenen Kämpfer, die auf den grünenden und blühenden Kampffeldern (südlich vor der Stadt) lagen, denken. Am dichtesten war der Kapellenberg und das Terrän zwischen diesem und der jetzigen Gablenzhöhe mit Todten bedeckt. „Preußische Soldaten wurden hiebei zum Transporte der Leichen auf die städtischen Friedhöfe nicht genötigt; doch nam man rücksichtslos jeden Anderen, der auf der Straße getroffen wurde, versah die Gepreßten mit Spaten, Schaufeln und Karren und trieb sie zu 20 bis 30 Mann unter Militärbedeckung auf die Beerdigungsorte. Hier sah man Leute der verschiedensten Stände aneinander gekoppelt; so wurde ein Karren von einem pensionirten k. k. Hauptmann, einem Buchhalter und einem Amtsdiener gezogen,“ so berichtet man getreu. Weiter wird dort erzählt:

„Der Transport der Verwundeten von den Schlachtfeldern dauerte beinahe drei Tage; ein großer Teil derselben mußte unter den Lauben der Häuser auf Stroh untergebracht werden und lag dort angekleidet und blos mit dem Mantel bedeckt. Preußische Aerzte beeilten sich jetzt nicht, Verbände zu besorgen, und nur der menschenfreundlichen Opferwilligkeit einheimischer Aerzte danken viele der Verwundeten in diesen Tagen ihr Leben.“ — Schreiber dieses ging spät abends am 29. Juni nach drei vollständig durchwachten Nächten — in den letzteren zwei, vom 27. zum 29. Juni hatte er mit Kugelausschneiden und anderen notgedrungenen Operazionen seine Hände in österr. und preußischem Blute so zu sagen gebadet, denn wir zälten ja hier an 1600 Verwundete — nun schon tief niedergedrückt und todmüde einmal in seine Wonung in der Kirchengasse zur Ruhe. Eine halbe Stunde darauf, wol gegen 11 Uhr, gab es ein Trompetengeschmetter und Trommelgewirbel auf dem nahen Ringplatze und einen Lärm, als ob Trautenau wieder stürmisch angegriffen würde. Ich wurde geweckt, „Herr Doktor, es brennt ja in der Mittelvorstadt“, lautete es in mein erstes Zimmer herein. In kürzester Zeit war ich auf dem Platze und bog in die Straße nach der Mittelvorstadt (Gebirgsstraße), welche von preußischen Militär abgesperrt wurde; ich, ein schon gutgekannter von ihm und autorisirt mit der „genfer Binde“, durfte durch und konnte mir die Feuerstätte ansehen. Es brannte das Dach, das 2. und bald auch das 1. Stockwerk des ersten großen Trakts der Faltis'schen Flachsgarnspinnerei. In den Räumen derselben wurden am 29. an 2000 österr. Gefangene internirt, in den oberen Räumen befanden sich massenhaft Flachs, Werg und

Garne, darauf lagerten die Soldaten; sie rauchten zweifellos auch, man ging gewiß dabei unvorsichtig mit Zündhölzchen um — dadurch entstand das Feuer. Nun die Verwirrung! die Gefahr! die Preußen umzingelten alsbald die Fabrik, öffneten die Eingangstüren, die Soldaten retteten sich, viele — vielleicht deren 40—50 entkamen dabei und flüchteten in's Aupatal hinauf, mehrere sind aber auch in den obersten Flachsräumen ein Opfer der Flammen geworden.

In den Tagen vom 29. Juni bis 10. Juli wurden sehr viele schwer und leicht Verwundete, letztere gefangen auf Befel, letztere nur mit ihrer Zustimmung durch preußische Furwerke in die nahen und weiteren Städte Schlesiens weggefürt, also die Lazarete möglichst evakuirt. Es kamen zu denen von hier auch viele aus Königinhof, dann sehr viele vom Königgrätzer Schlachtfelde. Trautenau als Durchgangspunkt (Etapenstazion) wurde dadurch sehr in's Mitleid und zu außerordentlichen Leistungen herangezogen.

Einen originellen Fall von Verwundung will ich hier von einem ostpreußischen Soldaten erzälen, der sich auch fortbringen liess. Ich ging am 80. Juni in der Mittagsstunde von einem ärztlichen Besuche bei Kadeten und Unteroffizieren im Bibel'schen Hause (beim Mülgraben) herauf, da standen am Straßentor des Haase'schen Hauses zwei ostpreußische Soldaten (leicht verwundete); „Herr Doktor," sprach der eine mich an, „sind Sie so gefällig, gehen Sie mit (ins Höfchen) herein zu meinem Kameraden und reißen Sie ihm ein paar Zäne heraus, er leidet furchtbare Zanschmerzen". ,Sind sie denn gescheidt, jetzt zu verlangen, Zäne zu reißen, wir haben dringenderes zu tun, ich zieh auch keine Zäne!' „Ja aber er steht schon seit 2 Tagen gar zu viel Schmerzen aus, ich bitt Sie, helfen Sie ihm doch." — ,Ist er denn nicht verwundet?' „Ja." — ,Wo?' „Im Gesichte." — ,Durch eine Kugel verletzt?' „Ja." — ,Ist die Kugel schon herausgenommen?' „Nein, sie ist durch." — ,Warum hat er sich denn nicht schon oben (im Hauslazaret) gemeldet?' „Er traut sich nicht." — ,Unsinn, weshalb nicht?' „Ich weiß es nicht." — ,Wo aber ist er oder wo liegt er denn?' ,Gleich daneben" und er zeigte auf den nahen Gänsestall. Ich ging einige Schritte vor und sah den verwundeten Mann schwermütig mit verbundenem Gesichte in dem eben nicht großen, für Gänse wol recht geräumigen Stalle sitzen. „Sie", redete ich ihn an, „stehen Sie auf, lassen Sie sehen, wo Sie verwundet sind und wodurch Sie so große Schmerzen leiden". — Er erhob sich mühselig (er hatte ja die Tage nicht geschlafen und nichts ordentliches gegessen) und nun stehend nam er den Gesichtsverband herunter. — Ich sah an der linken Wange eine Schußöffnung, ich sah nach rechts und nach unten (unter den Kiefer) und erblickte keinen Ausgangspunkt der Kugel. Mir wurde ärztlich sehr bange. — „Wo steckt denn die Kugel?" frug ich nun höcht begierig. ‚Die ist raus.' — „Ja wo denn?" ‚Hinten im Rücken.' — Entsetzt rief ich: „Unmöglich!" indem ich mir die Verletzungen, welche die Kugel bei dieser Passage angerichtet haben mußte, vor Augen hielt. „Wie können Sie denn da leben?" ‚Es geht mir auch sehr schlecht, ich kann nichts genießen, wenn ich etwas trinke, so lauft mirs hinten am Rücken wieder raus.' — Ich ward sprachlos vor Entsetzen. Ich habe viele schwer Verwundete und vielerlei Verwundungen an Einzelnen gesehen wie z. B. an dem österreichischen Oberlieutenant und Adjutanten des Obersten Pehm, Herrn Petzold, welcher einen Streifschuß am Kopfe, zwei Schüße in die Brust und zwei in die Oberschenkel (in die Weichteile) erhalten hatte (er ist geheilt worden), und kam am 28. gegen Abend zu dem Bette eines furchtbar schwer Verwundeten, der Arme war Einjährigfreiwilliger, Jurist, der Sohn eines Brauers in Königsberg; dem hatte ein Stück explodirter Granate die linke Schulter selbstverständlich sammt Oberarm weggerissen, — ach wie sah diese Partie aus! — und der junge hübsche, kräftige Mann war dabei fröhlichen Sinnes und frohen Mutes; ich widmete ihm durch zirka 24 Stunden ab und zu eine Viertelstunde, nam ihm zerschmetterte Knochenstücke aus der Wundfläche und trennte abgestorbene Weichteile los, schnitt sie ab. — Was aus ihm geworden, weiß ich nicht, er wurde am 30. nach Schlesien fortgeführt; der ist wol zugrunde gegangen. Nun zum ersten Falle zurückkommend: Eine annähernd komplizirte Verwundung wie die bei obigem ostpreußischen Soldaten war mir noch nicht zu Gesichte gekommen. Ich antwortete ihm denn: ‚Das (der Wasserausfluß am Rücken) kann wol nicht möglich sein." ‚Sie könnens probiren, Herr Doctor, lassen Sie nur ein Wasser holen, ich werde trinken und da werden Sie es sehen.' — Ich schickte den Kameraden um ein Glas, der Verwundete legte die Kleider des Brustkorbs ab, ich sah die Ausgangsöffnung der Kugel unter der 6. rechten Rippe. Die Kugel welche der Arme offenbar bei einem Sturmangriff von oben herab bekommen hatte, war durch den Rachen herunter zur Speiseröre gedrungen, durchborte diese und wurde durch die blutende Wunde der Kanal derselben mit Blutgerinsel allmälig dann fester verklebt, sie glitt schief rückwärts, ohne die Lunge zu verletzen, eine kurze Strecke an der inneren Brustwand weiter herab und bante sich unter der Rippe den Austritt. — Das Glas Wasser war nun da, langsam schluckte er es, ich hörte ein klucksendes Wassergeräusch im Innern, nicht sogleich aber sah ich etwas zum Vorschein kommen. „Sehen Sie", sagte ich, „es fließt doch nichts raus." ‚Warten Sie nur einige Augenblicke, es wird bald kommen', erwiderte er und — ja, es kam und floß dann weiter. Mir schnürte es die Brust zusammen. — „Ziehen Sie sich an, Sie bedauernswerter Mann," sagte ich, „Sie sind schwer verwundet, Sie dürfen hier nicht bleiben, folgen Sie mir". Und ich führte ihn hinauf ins 1. Stockwerk des Haase'schen Hauses und ließ ihm ein Lager im Salon desselben herrichten, da nämlich, wo die am schwersten Verwundeten, die durch das Schicksal dem Tode verfallenen Opfer des Krieges untergebracht wurden und denen die noch möglichste Befriedigung ihrer Wünsche in den letzen Lebensstunden angeordnet war und auch zuteil wurde. Ich verordnete für ihn selbstredend auch Medikamente, welche ihm die Schmerzen im Oberkiefer linderten. Als ich ihn nachmittags in der 6. Stunde wieder zu besuchen kam, war er aus dem Sterbenden-Salon verschwunden; er hatte sich auf Zureden eines Johanniters evakuiren lassen. — Was aus ihm geworden sein mag? Seinen Krankheitsverlauf hätte ich gern erfaren, allein in jenen drei Tagen gab es keine Minute Zeit fürs Namen- und Heimatnotiren der Leute, außer bei jenen, deren sehr nahes Ende außer Zweifel stand.

Ich schließe mit diesen Abweichungen vom geplanten Inhalt des III. Abschnittes, welche doch ihren Ausgangspunkt vom Kampfplatze genommen haben. Wir beschäftigten uns bisher mit den blutigen Gefechten unserer Kriegszeit, diese haben wir somit hinter uns; es beginnt nunmehr aber ein neues „Fechten", ein unblutiges zwar, doch für uns auch ein nichts weniger als sorgenloses, leicht verantwortliches und das dauerte gut und schlecht 2 Monate lang.

Ich muß doch diesem Kapitel noch ein Aktenstück von unserem ersten preußischen Kommandanten, dem Oberstlieutenant v. Burghoff, anhängen, das mir als dem bisher einzigen, mit den feindlichen Machthabern verkerenden und autorativen Repräsentanten von Trautenau zuhanden kam; denn es datirt vom 30. Juni und gewärt einen deutlichen Vorgeschmack der Kommnisse, womit wir uns fernerhin hauptsächlich zu befassen haben werden. Der kategorische Befel schuf denn augenblicklich auch die Zwangslage der Aktivirung einer neuen Stadtvertretung.

Das Aktenstück verfügt folgendes:

Nr.-E. 1 — Praes. 1. Juli 1866.

Die Stadt Trautenau und Umgegend hat sofort zur laufenden Verpflegung von 1500 Mann königlich preußischer Truppen ein Magazin hierselbst anzulegen, welches unter die Kontrole einer königlich preußischen Magazin-Verwaltung gestellt werden wird. Welche Bestände in diesem Magazin stets vorrätig gehalten werden müssen, ergeben die unten bezeichneten Gebürnisse für Mann und Pferd.

Daß das Magazin ohne Säumnis gefüllt wird und fortdauernd gefüllt bleibt, dafür wird mit aller Strenge die Stadt verantwortlich gemacht werden und wird deshalb im eigenen Interesse die genaue Befolgung dieser Requisizion anempfolen.

C. Q. Trautenau, den 30. Juni 1866.

Königliche preußische Kommandantur der Stadt Trautenau:

An   v. Burghoff, Oberstlieutenant.
die Gemeindevertretung
           hierselbst.

Verpflegs-Competenzen!

Die aus Landes-Magazinen zu gewärende Porzion besteht aus folgenden Sätzen:

1 Pfund 26 Lot Brot preußich oder 1 Pfund 21 Lot wienerisch,

1	Pfund	frisches Fleisch preußisch oder	28$\frac{1}{2}$	Lot	wienerisch,
oder $\frac{1}{2}$	„	geräucherten Speck	„	„	14	„	„
$\frac{1}{5}$	„	Reis	„	„	6	„	„
„ $\frac{1}{4}$	„	Graupen	„	„	7	„	„
„ $\frac{1}{2}$	„	Hülsenfrüchte	„	„	14	„	„
1 Lot		gebrannten Kafe	„	„	$^{25}/_{28}$	„	„
1$\frac{1}{2}$	„	Salz	„	„	1$^{1}/_{3}$	„	„

Die Fourage-Stazionen werden nach folgenden Sätzen pro Tag gewärt:

12 Pfund Hafer preußisch oder 11 Pfund wienerisch,

5	„	Heu	„	„	4$\frac{1}{2}$	„	„
7	„	Stroh	„	„	6	„	„

IV. Abschnitt.

(Preußische Landwehr-Besatzung. Bürgerversammlung. Neue Stadtbehörde: „Stadtrepräsentanz auf Kriegsdauer." Aufruf. Eine unerhörte Requisizion. Petizionen. Requisizions-Akten. Spenden. Verschiedene Requisizionen aus der Umgebung. Starkstadt. Altenbuch. Dreiborn. Pilsdorf. Arnau-Hohenelber Requisizion. Starkenbach. Ein Kassaerbruch. Besondere Requisizionen. Hugo Wihards Spende.)

Mit dem Morgen des 1. Juli zog in Trautenau eine ständige preußische Besatzung u. zw. das schlesische Landwehr-Bataillon Löwenberg Nr. 7 unter dem Befele des Etapenkommandanten Herrn Major Wapnitz ein. Die Mannschaft bestand meist aus bejahrteren, gutmütigen Leuten, Familienvätern, der Kommandant, anfangs unfreundlich, herb, war aus seinem schönen Villa-Wonsitz am Rhein hieher verschlagen worden, die Offiziere waren größtenteils feine, angenehm umgängliche Herren, herausgerissen aus ihren Berufssfären, Justizbeamte, Gutsbesitzer, pensionirte Offiziere. Der Verkehr mit ihnen, sie anfangs auch etwas mißtrauisch, gestaltete sich nach und nach zu einem recht freundlichen. Alsbald wurde Schreiber dieses zum Kommandanten gerufen und von ihm in ernstester Weise zur Bildung einer Stadtbehörde aufgefordert (die bestehende hatte sich ja durch die Gefangennemung des Bürgermeisters und durch die Flucht und Angst der Stadträte aufgelöst). Am 3., 4. Tage unserer Bekanntschaft wurde ich vom Herrn Major Wapnitz wegen seiner Dispepsie und Uebelbefindens als Arzt ins Vertrauen gezogen; ich nam ihn in die Kur und da ich ihm Diät verordnen mußte, schenkte er mir 2 köstliche Brathüner, die ihm eben von Freiburg her zugekommen, in der lobenswerten Erwägung, daß hier keine mehr zu haben sein werden, welche mir, man kann sichs denken, nach 3 Tagen elendester Verpflegung (am 27. und 28. genoß ich Tag und Nacht hindurch nur einige Gläser schwarzen Cafés, einige Gläser trüben Bieres und rauchte ungezälte Cigarren), ungemein „schön" mundeten und wol bekamen. Von diesem intimeren Verkere an waren wir auch gute Freunde geworden und sind es durch die ganze Zeit unseres Zusammenwirkens geblieben; es war das für Trautenau auch von Vorteil. — Die stabile Besatzung, die vielen Truppendurchzüge, viele mannigfache Einquartirung, die Naturalleistungen für sie und für die Lazarete, das Paßwesen u. v. a. m. bürdeten der Stadt und Umgebung große schwere Lasten auf, diese alle mußte die neu zu bildende Stadtbehörde auf ihre Schultern nemen, sie Tag für Tag regeln und ausgleichen.

Ich ließ denn die Bürger am Vormittage in Kenntniß setzen, dass wir uns zum Zwecke einer Kriegsausschußwal nachmittags zu versammeln hätten; viele furchtsame persuadirte ich selbst zum Erscheinen bei dieser Versammlung und zog aufmunternd den Hern Josef Haase, Papiererzeuger, hier besonders in ein größeres, in der Frage nötiges Vertrauen. — Und so kam sie zustande, die merkwürdige Versammlung, worüber die folgenden Blätter nunmehr berichten werden.

(Protokoll:) „Ueber Auftrag

der königl. preuß. Stadtkommandantur in Trautenau erfolgt die Bürgerversammlung und Besprechung, dann die Wal eines Stadtausschußes auf Kriegsdauer und hierauf die Beratung des Auftrages betreff der Errichtung eines Militär-Verpflegsmagazins.

Im Ignaz Emmerling'schen Hause (Nr. 132 im 1. Stockwerk, rückwärts — am Ring) geschehen am 1. Juli 1866, nachmittags begonnen 1½ Uhr.

Anwesend waren: Dr. B. Pauer als Einberufer über obigen Auftrag, J. Christoph, Dechant, Ig. Jentsch, Alois Prochazka, Josef Czepelka, Ignaz Emmerling (Nr. 132), Josef Haase, Ottomar Klement, Jos. Gutsch, J. R. Dobiaschowsky, Karl Müller. Jos. Klugar, Adolf John, Josef Gaber, Karl Wondratschek, Josef Patzak, Josef Hartmann, Joh. Pohl (Nr. 30), Josef Kamitz, Alois Biebel, Hugo Schubert, Robert Loquenz, Josef Fiedler (Nr. 138), Alois Patzak, Ig. Emmerling (Nr. 75).

Die Besprechung der Bildung einer Stadtbehörde auf Kriegsdauer, welche Dr. Pauer nun trotz des Mißmutes der Bürgerschaft und der Furcht vor einem solchen Vertretungsamte jetzt als höchst dringlich und unabweisbar motivirte und wofür sich dann noch Dechant Christoph, Josef Haase und Rob. Dobiaschowsky aussprachen, ergab folgende Walen: Es wurde zuerst Herr Dechant Christoph zum Vorsitzenden der Stadtbehörde, welche „Stadtrepräsentanz" heißen soll, vorgeschlagen. Derselbe erklärte, diese Wal bei seiner geschwächten Gesundheit und in der schweren Lage der Verhältnisse nicht annemen zu können. — Es wird Herr Dr. Pauer in Vorschlag gebracht. Er erklärt, daß er in seiner dermaligen, als ernannter dirigirender Lazaretenarzt einen bureaukratischen Dienst, der ihn verpflichten würde, viel in der Kanzlei zu sitzen, nicht annemen dürfe, ein anderer beherzter Mitbürger möge nur das Amt übernemen, er werde diesen in jeder Beziehung unterstützen, und schlage er hiezu Herrn Josef Haase vor. — Dieser erklärt, er getraue sich den so sehr schwierigen und doch höchst verantwortlichen und im Kriege ja so gefärlichen Posten nur dann anzunemen, wenn Herr Dr. Pauer ihm als Mitvorstand zur Seite stände und ihn bei den Militärbehörden vertreten wollte. — Dr. Pauer erklärt sich gern dazu bereit.

Die Versammlung stimmte diesen Vorschlägen lebhaft zu; es sind somit die beiden Herren Josef Haase und Dr. B. Pauer als Vorstandsmitglieder gewält.

Dr. Pauer schlägt nun vor, die Mitglieder der Stadtrepräsentanz auf Kriegsdauer zu wählen. Dieselben haben durch Wort und Tat dem Repräsentanzvorstande in seinen Anordnungen behilflich zu sein; es wäre dann aus den Mitgliedern noch ein engerer Beirat für den Stadtvorstand auszuwälen. Die Anzal dieser und jener überlasse er dem Ermessen der Versammlung.

Es wurden zu Stadtrepräsentanten vorgeschlagen und akklamirt:

J. Christoph, Stadtdechant,
J. Gutsch, Oekonom, Nr. 49 (u. 123),
J. R. Dobiaschowsky, Stadt, Nr. 131,
Ig. Emmerling, Oekonom, Nr. 75,
Ottomar Klement, Lehrer, Nr. 71,
Ig. Jensch, Maurermeister, Stadt, Nr. 29,
Alois Prochazka, Seifensieder, Nr. 38,
Karl Müller, Nr. 68,
Hugo Schubert, Nr. 137,
Josef Czepelka, Nr. 48,
Ignaz Emmerling, Nr. 132,
August Breuer, Nr. 129,
Josef Klugar, Nr. 34,
Josef Fiedler. Gastwirt, Nr. 138.

Als „engerer Beirat" des Stadtrepräsentanz-Vorstandes wurden gewält: Josef Gutsch (Nr. 49), Ottomar Klement und Robert Dobiaschowsky.

Der Stadtvorstand teilt seine Arbeiten derart, daß Jos. Haase die Agenda für Requisizionen, Einquartirung, Paß- und Vorspannwesen, und Dr. Pauer die Vertretung der Stadtrepräsentanz im amtlichen Verker mit den preuß. Behörden und höheren Personen, die Korrespondenz mit ihnen und nach Außen übernimmt. Beide Vorstandsmitglieder teilen sich in die Uebername der Arbeiten des Paßwesens.

Vom engeren Beirat wird Herr Jos. Gutsch dem Herrn J. Haase in den Arbeiten für Requisizionen und Vorspannleistungen und die Herren Ott. Klement und J. R. Dobiaschowsky in den Arbeiten für Einquartirung, dann zum Dienst in den Amtsstunden und bei Schreibgeschäften behilflich zu sein verpflichtet sein.

Es wird noch ein Antrag auf Wal einer Sekzion für die militärischen Requisizionen gestellt und angenommen; derselbe hätte zunächst die Leistungsfähigkeit der Riesen-

gebirgsgemeinden für die Bestreitung der Kriegsbedürfnisse
auszuforschen und sicher zu stellen. Es wurden hiezu gewält Josef K l u g a r, Alois B i e b e l, Jos. F i e d l e r, Nr. 138,
Joh. P o h l, Nr. 30, Josef G a b e r, Nr. 141, Adolf J o h n,
Karl W o n d r a t s c h e k, Robert L o q u e n z.
Es wird den Sekzionsmitgliedern zur Aufgabe gestellt,
daß sie von morgen (2. Juli) an die nächstliegenden Gemeinden begehen und in denselben unter Beiziehung der
Ortsvorstände mit strengster Genauigkeit und in eingehendster
Weise die Bestände der Vorräte an Viktualien für Menschen
und Pferde ziffernmäßig aufnemen, insbesondere was von
jenen sofort an Rindfleisch, Speck, an Hülsenfrüchten, an
Roggenkorn, Hafer, Heu und Stroh geliefert werden könnte. —
Als Militärmagazin wird in Verwendung gestellt 1. das Gebäude Nr. 49 in der Obervorstadt, ferner der Gemeinde-
schupfen bei der Kirche.

Die W a l e n dieser Bürgerversammlung sind one
Verzug der p r e u ß i s c h e n K o m m a n d a n t u r im Gasthofe
„zum weißen Roß" bekannt zu geben. Die Amtskanzlei
des Gemeindevorstandes J. Haase wird im Emmerling'schen
Ringhause Nr. 132 eingerichtet, der Mitvorstand Dr. Pauer
richtet sich sein Bureau im Turmzimmer des Rathauses
(Lazaret Nr. 2) ein.

Die Versammlung wird um 4 Uhr Nachmittag geschlossen.

Gefertigt von den Gewälten.

Als unsere erste Aufgabe erachteten wir es, die vielen
unerschwinglichen Lasten, Leistungen und Lieferungen durch
die bevorstehenden militärischen Requisizionen zu vermindern,
erträglicher zu machen. Zu dem Zwecke glaubten wir eine
Petizion an Se. Majestät den König von Preußen durch
die Kommandantur abschicken zu sollen. — Dieselbe, geschrieben am 1. Juli, legte ich am 2. dem Herrn Major
Wapnitz vor. „Dazu muß ich erst eine Beratung pflegen;
holen Sie sich darüber Nachmittag Auskunft!" bemerkte er
mir. Als ich darum hinkam, erklärte er: „Die Herren
haben die Petizion zur Absendung an den König nicht für
geeignet befunden!" und gab mir sie zurück. — Ihr Anfang
lautete: „Trautenau, eine Grenzstadt im Königreiche Böhmen,
leidet seit wenigen Tagen auf eine seine Kräfte schon er-

schöpfende Weise." — Es hat offenbar der spätere laut und eindringlich klagende Tenor dieser Petizion bei den Herren nicht den erwünschten Anklang gefunden. — Sie wurde ad acta gelegt.

Zunächst ließen wir einen Aufruf an die Stadtbevölkerung drucken und öffentlich kundgeben; er hatte nachstehenden Wortlaut:

„An die Bewoner von Trautenau!

Der Ausbruch des Krieges zwischen Preußen und Oesterreich hat unsere Stadt in erster Reihe der Ereignisse sehr schwer ins Mitleid gezogen.

Die schwersten Tage dürften für uns vorüber sein und es ist dringend geboten, daß Ruhe in die Gemüter, Besonnenheit und die gewonte Tätigkeit der Bewoner wiederkere.

Es besteht hir ein königl. preuß. Platzkommando als oberste Militärbehörde der Stadt und Umgebung.

Es hat sich am 1. Juli l. J. eine neue Stadtrepräsentanz auf Kriegsdauer aus der Bürgerschaft und Gemeindeangehörigen gebildet; diese amtirt bereits im Hause Nr. 132 (am Platze) von 8 Uhr morgens bis 7 Uhr abends. Sie wird jetzt die ökonomischen und die polizeilichen Geschäfte der Stadtgemeinde leiten und Jedermann Rat und Auskunft erteilen.

Mitbürger und Gemeindeangehörige!

Wir ersuchen Euch daher, nunmehr Euere Arbeiten wieder zu beginnen, Eure Geschäfte zu eröffnen und Eure erwachsenen Familienmitglieder, die sich zum Nachteile der Stadt, am meisten aber zu ihrem eigenen Schaden von hier entfernt haben, zu unterrichten, daß sie furchtlos hieher zurückkeren können.

Bewoner der Stadt und Umgebung! Verhaltet Euch ruhig, seid opferwillig für Verunglückte und stützt und kräftigt durch eine besonnene und erliche Haltung eine geregelte Ordnung der Dinge.

Den 3. Juli 1866.   Josef Haase,
Völlig einverstanden   Stadtvorstand.

Wapnitz,   Dr. Bernhard Pauer,
Major und Kommandant.   Vorstand-Stellvertreter."

Am 4. Juli kam uns nachstehende Weisung zu:

„Den hiesigen Stadtvorstand ersuche ich, geeignete Maßregeln zu treffen, daß dem Unfug, womit eine große Menge unberechtigter Leute, zum Teil dem Proletariat angehörig, die Johanniter-Binde angelegt haben, energisch gesteuert werde. Nur die dieser Auszeichnung Würdigen haben sie ferner zu tragen.

Trautenau, den 4. Juli 1866.

Wapnitz,
Major und Kommandant.“

Nun scheint mir wol als wichtigster Gegenstand unserer administrativen kriegerischen Agenden, in erster Reihe das Requisizionswesen zur Abhandlung bringen zu sollen. — Ein sehr starkes Buch ließe sich darüber schreiben, ich kann doch nur das Stärkste davon in Betracht ziehen. Beginnen wir. Die v. Burghoff'sche Verschreibung vom 30. Juni für die Verpflegung des stabilen Landwehr-Bataillons und der Verwundeten in Trautenau ist uns noch in Erinnerung. — In einer späteren Vormittagsstunde des 3. Juli suchte mich nun mein städtischer Amtskollege, Herr Haase, auf und sah mich mit verstörter Miene wie prüfend, schweigend an. Ich begriff diese Haltung des sonst so jovialen Mannes nicht. „Nu, was ist Dir denn? was ist denn geschehen?“ sprach ich ihn an. — „Da lese nur,“ und dabei reichte er mir nachstehenden, für ein Konsorzium von gewönlich doch sehr reichen Armeelieferanten wol nicht ungeheuerlichen Auftrag zu:

„Die Stadt Trautenau wird hierdurch angewiesen, innerhalb zweier Tage für die Truppen des Garde-Korps in das Magazin desselben

2.500 Quart Branntwein
10.000 Stück Brode
1.000 Zentner Salz
120.000 Zentner Hafer

bei Vermeidung der militärischen Exekuzion zu liefern.

Trautenau, den 3. Juli 1866.

Der Kommissarius der Königlichen Feld-Intendantur
des Garde-Korps
Helfrich.

Nachdem ich selben abgelesen, sah ich Haase an und
bemerkte unaffizirt: „Ist denn der Garde-Intendant dort
verrückt geworden? Man soll sichs requiriren, wo die Truppen-
masse lagert. Von uns so was zu verlangen, welch ein Unsinn!" — ‚Ja, aber was ist zu tun?' erwiderte beruhigter
Haase, ‚die Androhung der militärischen Exekuzion ist kein
Spaß.' — „Freilich wissen wir das, das bedeutet doch Kasten
und Schränke zerhauen, eiserne Kassen aufbrechen, brand-
schatzen, Geiseln wegfüren u. s. w.," „Na," beruhigte ich
ihn weiter, „fürchte das nicht, das wird bei uns nicht mehr
vorkommen. Wir müssen sofort ein Gesuch um Annullirung
dieser hier unrealisirbaren Requisizion verfassen und es der
Kommandantur zur zustimmenden Einbegleitung und Be-
förderung an die Intendantur übergeben." — ‚Nun, schreibe
es nur sogleich, aber zum Wapnitz gehe ich (Haase) damit
nicht, der ist zu wilde.' — „Werde es schon besorgen." —
Und ich schrieb folgendes Gesuch:

Löbl. kön. preuß. Platz-Kommando
Trautenau!

Rücksichtlich der heute uns mitgeteilten militärischen Forderung,
Narungsmitteln für 30.000 Mann und 10.000 Pferde in spätestens
zwei Tagen zu liefern, sind wir genötig zu erklären, daß eine so
außerordentliche Requisizion in so kurzer Zeit und in dieser Gegend
überhaupt ganz unmöglich ist auszufüren, denn

1. stehen wir nahe vor der Ernte, es sind die Vorräte daher in dieser
   nicht sehr produkzionsfähigen Gegend in der vorgerückten Sommer-
   zeit fast erschöpft.
2. Haben hier beim Durchzug der kön. prß. Armeekorps, dieser unge-
   heueren Militärmassen, die Soldaten in den nächsten Ortschaften bei
   Trautenau fast alle Viktualien requirirt, so in Parschnitz, Altstadt,
   Rognitz, Hohenbruck, Weigelsdorf u. a. O.; es ist leider eine sehr
   traurige Tatsache, daß die Mannschaft nicht selten schonungslos
   mit solchen Wertsachen umging und so z. B. in Wildschütz, wie
   wir erfahren, ungemein viel verwüstet hat.
3. Haben wir uns bereit erklärt, für den Viktualienbedarf der Truppen
   am Platze und der vielen Verwundeten die nötige Obsorge zu tragen, was schon alle unsere Leistungskräfte und die größte Mühe in
   Anspruch nimmt.
4. Endlich will und muß die hiesige Bevölkerung doch auch leben und
   sie muß ihr Leben in der Tat schon auf eine armselige Weise fort-
   fristen.

Dieß alles erwägend und berücksichtigend wird das löbl. k. Platz-
Kommando die Güte haben, höheren Orts unsere erliche Bitte vorzubringen, daß die überspannten militärischen Forderungen, welche die

Leistungsfähigkeit der menschlichen und der Naturkräfte dieser Gegend übersteigen, aus Rücksichten der Menschlichkeit und aus Gründen materieller Natur als der Lage der Verhältnisse nicht entsprechend, nicht mehr geltend gemacht werden mögen.
Trautenau am 3. Juli 1866.

Die Stadtrepräsentanz:
Haase. Dr. Pauer. Klement.
Dobiaschowsky. Gutsch.

Auf das Gesuch wurde uns keine Antwort, wol aber kam wieder ein Reskript von der trautenauer Intendantur mit der Aufforderung zur baldigen Ablieferung. Ich schrieb sogleich ein zweites nachstehendes Gesuch:

Löbliches kön. preuß. Platz-Kommando
Trautenau!

Auf die wiederholt geschehene Aufforderung auf Ausführung der Requisizion für 30.000 Mann und 10.000 Pferde oder auf gewissenhafte Mitteilungen, was wir in dieser Beziehung baldigst aufzubringen im Stande sind, müssen wir nach unserem besten Wissen und Gewissen noch nachstehendes erklären:

Wir sind bereit, alle möglichen Mittel zu erschöpfen, hierorts sowol wie in den Dörfern in einem Umkreise von drei Meilen, um, soweit es uns vom schwersten Kriegsunglücke schon Betroffenen möglich ist, noch herbeizuschaffen für militärische Zwecke, was eben noch vorrätig ist. — Wir erlauben uns aber zu bemerken, daß dazu Zeit und viel Kräfte gehören.

Wir schicken Kommissionen in die Ortschaften und lassen eruiren, was vorhanden ist, und alldas belegen wir mit Beschlag für das kön. preuß. Militär. Nun müssen die Kommissionsmitglieder 1, 2 bis 3 Meilen weit gehen und alles notiren, um eine genauere Evidenz der Bestände von Narungsmitteln und Viehfutter zu erzielen. Das Geschäft läßt sich offenbar nicht in einigen Stunden abwickeln. Hiezu ist zu bemerken, daß schon requirirte Viktualien nicht selten von einzelnen Patrouillen wieder für sich requirirt werden, wodurch die sichergestellte Evidenz wieder alterirt wird.

Es läßt sich aber nicht verhelen, daß in dieser fürchterlichen Kriegs-Epoche alle Gesetzlichkeit und eine zivilisirte Ordnung der Dinge so gut wie erloschen sind.

Dazu ist ferner zu bemerken, daß viele Ortschaften, die wir in das Bereich unserer Requisizionen ziehen wollten, bereits, man kann sagen, Uebermenschliches geliefert haben; so soll Arnau mit den angrenzenden Dörfern von dem k. prß. Hauptquartier in Böhmisch-Praußnitz erschöpft worden sein; wir wollen daher für unsere, resp. für Militäransprüche die Stadt Hohenelbe und das oberhohenelber Thal nunmehr in Kontribuzion nemen. Das ist 3 Meilen weit von hier entfernt. Wir wissen nicht, ob dasselbe nicht auch schon hart hergenommen wurde, jedoch wissen wir aber, daß es ein ganz armes Gebirgstal und höchstens etwas Hafer, Heu und Kartoffeln zu liefern im Stande ist. Es deckt bei regelmäßigem Gange der Fabrikazion seinen Viktualienbedarf mit den Produkten aus dem gesegneteren Flachlande. Die höheren Gebirgsortschaften aus dem Aupatale, in dem Trautenau liegt, sandten heute schon Vertreter mit der Bitte hieher um Zertifikate, damit sie sicher nach Schlesien faren könnten, um Getreide einkaufen zu können, da nach den letzten Requisizionen alles konsumirt und nun eine Hungersnot bereits im Anzuge ist.

Unzweifelhaft dürfte aber auch in den zunächst der Gränze gelegenen Orten von Preußisch-Schlesien, nachdem ja auch so bedeutende Truppenmassen daselbst gelagert haben, Getreide, Heu und Vieh nur in sehr geringer Menge vorhanden und nur für sehr schweres Geld zu bekommen sein. —

Endlich haben wir noch zu erwänen, daß unsere Vorräte, die wir in der Hoffnung, sie für die regelmäßigen Requisizionen zu verwenden, ansammeln, immerfort bedeutend verringert werden durch die Ankunft von Hunderten und Tausenden von Gefangenen, von unzäligen Verwundeten, von kleineren Truppendurchzügen u. s. w., für welche wir sofort auch Sorge zu tragen den Auftrag erhalten. Und wir tun es gern und mit aller Opferwilligkeit.

Wir müssen uns nun denn die Frage vorlegen, ob wir unter solchen Umständen auch in der Lage sind, es nur annäherungsweise bestimmen zu können, was wir in der fraglichen Sache leisten werden. Wir können es nicht und wir erklären daher offen und erlich, daß wir alles geben wollen, was wir noch bieten können und was wir noch in unseren nächsten heimatlichen Orten zu requiriren im Stande sind; nur bitten wir inständig eine kön. preuß. Militärbehörde, uns in Hinkunft vor Gewalttaten einzelner Soldaten, uns vor Raub, Plünderung und vor dem Verwüsten von Mobilarsachen und unser Leben zu schützen. —

Wenn alle Requisizions-Naturalienaufnamen eingelaufen sind, welche mit möglichster Schleunigkeit ausgefürt werden, wollen wir unverzüglich alles das, was wir eingelagert haben oder erhalten können, der löbl. k. preuß. Kommandantur zur Kenntnißname bekannt geben und zur Disposizion stellen; jedenfalls werden das, wenn nicht wieder unerwartete Ab- oder Wegnamen stattfinden, nicht unbedeutende Quantitäten von Viktualien und anderen Materialien sein.

Trautenau am 5. Juli 1866.

Die Stadtrepräsentanz:
Haase. Dr. Pauer. Klement.
Gutsch. Dobiaschowsky.

Damit begab ich mich wieder zum Stadtkommandanten und bat ihn, unser zweites Gesuch doch mit Befürwortung an Ort und Stelle der Intendantur zu befördern. — „Da muß ich erst den hiesigen Intendanturbeamten und die Johanniter befragen, ob sie zustimmen. Kommen Sie übermorgen wieder zur Mitteilung der Beschlußfassung über das Gesuch", war sein Bescheid. — Ich kam denn und erhielt nachstehenden: „Die Herren erklären, daß sie dem oberbehördlichen Intendanturbefel nicht entgegentreten dürfen, Sie, Hr. Dr., müssen sich nun helfen, wie Sie können, wir werden Sie unterstützen." Ich antwortete: ‚Wie aber? Das wissen die himmlischen Götter nicht. Ich will nach- denken. Erlauben Sie, Herr Major, daß ich in einer Stunde wieder vorspreche und Ihnen unseren Beschluß mitteile.' — „Sehr gern, kom- men Sie nur." — Ich ging sinnend auf die Repräsentanzkanzlei zu, dort warteten in Hangen und Bangen Mitglieder derselben auf die er- haltene Antwort. Am Wege überlegte ich, was in der Sache noch zu tun wäre. Requiriren? Unausfürlich. Abdanken? Unstatthaft. — Also — es ist ein saurer Apfel — eine Petizion an den König von Preußen um Sistirung der Requisizion devotest absenden. — Ich kam in die Kanzlei, meine böse Nachricht wirkte nahezu erschütternd, mein Antrag jedoch auf Einbringung einer Petizion an den König wieder aufrichtend. „Ja, ja, Dr., entwerfen Sie diese nur schleunigst", riefen mir meine Kriegs-Sorgenkollegen ermutigt zu. — Ich ging nun wieder zum Kommandanten und eröffnete ihm unseren Entschluß. „Ob das was nützen wird?" bemerkte er. Ich: ‚Aber erlaubt muß es doch sein, einen König um eine Gnade zu bitten?' — „Gehen Sie doch zu den Johannitern und bitten Sie die Herren um Zustimmung zur Absendung der Petizion an Se. Majestät und um Befürwortung derselben und kom- men Sie wieder hieher, sagen Sie mir, was Sie bei den Herren erreicht haben." — Ich suchte diese ohne Verzug auf, beide Herren erklärten sich gern bereit, unserer Bitte entsprechend zu willfaren! Sofort teilte ich diesen Bescheid dem Herrn Kommandanten mit. „Nun mante er frohgestimmt: „Bringen Sie nur bald die Petizion." — Am 8. Juli konnte ich selbe überreichen. Sie lautet:

Königliche Majestät!
Allergnädigster Herr und König!

„Die ehrerbietigst gefertigte Repräsentanz der Stadt Trautenau nähert sich Eurer Majestät mit einer innigen Bitte, welche devotest vorzubringen uns das Unglück des Krieges und seine Nöten in ihrer ganzen Größe zwingen.

Eure Majestät! Wir untertänigst Gefertigten erhalten von der kön. preuß. Feld-Intendantur fort und fort Aufträge, großartige Requi- sizionen für das königl. Garde-Korps auszuführen, die zu realisiren wir mit dem besten Willen nicht im Stande sind und zwar aus nachstehenden Gründen:

I. Die Stadt Trautenau sammt Umgegend gehört dem Riesengebirge an, dessen Bevölkerung selbst in Friedenszeiten ihren Bedarf an Le- bensmitteln, wie Korn, Weizen, Fleisch, großenteils aus den böh- misch-mährischen und königlich schlesischen Ebenen deckt; nun zumal stehen wir vor der Ernte, es ist daher erklärlich, daß alle Vorräte bereits aufs geringste Maß herabgesunken sind

II. Fanden hier schon vor Beginn des Krieges durch österreichische und preußische Lieferanten bedeutende Einkäufe von Hafer und Heu statt, und große Quantitäten wurden von den durchziehenden Truppenmassen konsumirt. Es mußte diesen auch Wein, Bier und namentlich viel Branntwein verabfolgt werden. Salz sind wir schon seit einigen Tagen genötigt, aus Eurer Majestäts Landen zu beziehen.

III. Haben wir hier ein schles. Bataillon Landwehr-Mannschaft als Besatzungstruppe, ferner über 1000 Verwundete noch und in den letzten Tagen marschirten durch unsere Stadt wol an die 20.000 Mann österr. Gefangener, für die momentan zu sorgen ebenfalls unsere Aufgabe wurde. —

Die Stadt Trautenau, deren Bürgerschaft opferwillig alles aufbietet, um die Truppen und die unglücklichen Verwundeten nach Möglichkeit bestens zu verpflegen, befindet sich nun mitsammt der Bevölkerung der umliegenden Ortschaften gegenüber den enormen Forderungen der kön. Intendantur und deren Drohung mit militärischer Exekuzion in einer trost- und hilflosen Lage und so wagt es die untertänigst ergebene Stadtrepräsentanz, sich an das hochedle königliche Herz Euerer Majestät zu wenden und devotest die Bitte auszusprechen: Euere Majestät mögen wol geruhen, allerhöchst Ihrer Intendantur des kön. Gardekorps zu gebieten, auf daß sie nunmehr rücksichtsvoll gegen uns vorgehe und besser ihre Ansprüche da geltend mache, wo ein größerer landwirtschaftlicher Reichtum vorhanden ist und wo die schweren Lasten des so bedauerungswürdigen Krieges die Bevölkerung noch nicht so tief wie uns niedergedrückt haben.

Geruhen noch Euere königl. Majestät allerhöchst Ihre löbliche kön. Stadtkommandantur hier und die verehrliche Krankenverwaltung des Johanniter Ritter-Ordens geneigtest über den Stand unserer Kräfte und Leistungen befragen zu lassen; wir dürfen von ihnen über unsere Haltung das beste Zeugniß erwarten und werden sie gewiß ferner auch bezeugen können, daß uns und der Gegend das Elend bereits in allen Gestalten droht. Wir bitten nochmals inständig Euere königliche Majestät um allerhöchst Ihre Gnade und Schutz.

Trautenau, 8. Juli 1866.

Jos. Haase. Dr. B. Pauer. Ott. Klement. Rob. Dobiaschowsky. Jos. Gutsch. Jos. Klugar. J. Christoph, Dechant. C. Müller. Al. Patzak. Ig. Emmerling. Al. Prochazka. Hugo Schubert.

Die voranstehende Petizion an Se. Majestät den König von Preußen war überreicht, sie wanderte nun mit der kön. preußischen Feldpost fort über Königinhof, Pardubitz immer weiter, weiter nach Mähren hinein; wir haben es nicht erfaren wohin? — Wir wurden infolge dieses Geschehnisses bis auf weiteres mit Intendanturargenzen in der Sache verschont. Überlassen wir die Petizion ihrem weiteren Schicksal, dessen am Ende dieses Abschnittes nochmals Erwänung geschehen wird.

In den nächsten Blättern sollen noch einige Schriftstücke, welche in direkter Beziehung oder auch in annähernder zu den Requisizionsagenden stehen, one weitere Einleitungen und Reflexionen Aufname finden, weil der Inhalt dieses Abschnittes sonst zu stark anschwellen würde; zur Charakteristik des kriegerischen Requisizionswesens werden sie aber noch vortrefflich dienen.

1.
An die Stadtvertreter zu
Trautenau!

Die Stadt Trautenau wird hierdurch angewiesen, Fünf Tausend Gulden zum Ankauf von Salz auf preußischem Gebiete, der diesseits veranlaßt werden wird, sofort der unterzeichneten Kommandantur zu überweisen.

Trautenau, den 8. Juli 1866.

Königliche preußische Kommandantur.
Wapnitz.

2.
Löbl. k. preuß. Stadt-Kommandantur
Trautenau!

Zur Anherbeförderung des in Landeshut eingekauften Salzes für das hiesige königliche Requisizions-Magazin wurden zwei 2spännige Vorspänne aus der Gemeinde Altrognitz requirirt. — Da jedoch diese Vorspannfuren nicht erschienen sind, so konnte heute dem Auftrage wegen Besorgung des Salzquantums nicht entsprochen werden.

Die ergeb. gef. Stadtrepräsentanz bittet daher, eine löbl. Stadt-Kommandantur wolle unserer Requisizion wegen Beistellung der notwendigen Furen seitens der Gemeinde Altrognitz in geeigneter Weise derselben den notwendigen Nachdruck geben und zugleich den zum Ankaufe des bez. Salzes benötigenden Geldbetrag gefällig ausfolgen, weil hieramts kein Geld mehr vorhanden ist.

Die erg. gef. Stadtrepräsentanz wird dann mit der größten Bereitwilligkeit dem empfangenen Auftrage Folge leisten.

Stadtrepräsentanz Trautenau, 14. Juli 1866.

Das Gesuch wurde vom Major Wapnitz dem Stadtvorstande wie fast immer mündlich zu Dr. Pauer dahin erledigt, daß der Stadt-Repräsentanz nunmehr das Recht zusteht, von der königlichen Hauptwache Mannschaft zur Assistenz in solchen Fällen zu requiriren.

Und der mündliche Bescheid genügte. „Ein Wort — ein Mann."

3.
Löbl. königl. preuß. Kommandantur
in Trautenau!

Die königl. preuß. Armee requirirte von der Trautenauer Bräu-Kommune

2502½ Eimer Bier à 5 fl. ==	12.512 fl.	50 kr.
800 Stück Fässer à 5 fl. ==	4.000 „ —	„
Summa	16.512 fl.	50 kr.

Die Biervorräte, welche in den letzten Tagen beinahe erschöpft waren, mußten durch Inbetriebsetzung des Bräuhauses vermehrt werden, was bereits geschehen ist.

Die hiesige Bräukommune, welche im verflossenen Jahre das Bräuhaus um- und großartige Eiskeller erbaute, ferner eine Anschaffung von 1000 Zweieimergefäßen, 500 à Eineimer Gebinden und 20 Stück Lagerfässer von 50 Eimern ausfürte, hat zu diesem Zwecke Anlehen im Betrage von 41.968 fl aufgenommen und muß nun darauf Bedacht nemen, dieses Geschäft in eine Produkzion zu setzen, wodurch es ermöglicht wird, ihren Verbindlichkeiten in späterer Zeit wieder nachkommen zu können — das wird aber nur möglich, wenn der Bräukommune gestattet wird, ihr Erzeugnis teilweise verschleißen zu können.

In Anbetracht denn, daß das Bier nicht allein Genuß- sondern auch Narungsmittel ist, welches die Bevölkerung der Stadt auf die Dauer doch nicht entbehren kann und in vertrauensvoller Voraussetzung, daß es keineswegs im Sinne der löbl. königl. preuß. Stadtkommandantur liegt, das Vermögen der Bräukommune zu schädigen und die durch die Leiden des Krieges schon sehr herabgestimmte Bevölkerung noch länger des nährenden und erquickenden Getränkes entberen zu lassen, bitten die ergeb. gefert. Ausschußmitglieder der hierortigen Bräukommune, eine löbl. königl. Stadtkommandantur wolle bestimmen, welches Bierquantum dieselbe für die Besatzungsmannschaft und für die Verwundeten pro Woche benötige, das dann bereitwillig geliefert werden wird; ferner wolle eine löbl. Kommandantur geneigtest gestatten, daß das Mehrquantum ihrer Biererzeugung von der Bräuhausverwaltung an private Abnemer verkauft werden dürfe.

Der Passivstand der Bräukommune, welcher uns bei dem Darniederliegen des Geschäfts durch längere Zeit die schwersten Fatalitäten bereiten würde, beziffert sich in nachstehenden Darlehen:

1. bei der Bodenkreditanstalt in Wien . . . . 7.000 fl. — kr.
2. Anlehen von der Bürgerschaft . . . . . 18.500 „ — „
3. bei Ringhoffer in Prag . . . . 2.047 „ 32 „
4. bei Stalling & Zien, Pappdach (Rest) . . . 334 „ 50 „
5. bei dem Kupferschmied Hollmann in Trautenau 867 „ 66 „
6. für 500 Metzen Gerste aus Proßnitz . . . . 1.300 „ — „
7. für 7423 Pfund Hopfen . . . . 11.919 „ 30 „

Summa 41.968 fl. 78 kr.

Unsere obige Bitte wiederholend zeichnen ganz ergebenst

Der bürgerl. Bräuwesens-Ausschuß.

Trautenau, 10. Juli 1866.

4.

Löbliche kön. preuß. Stadt-Kommandantur in Trautenau!

Die ergebenst Gefertigten bitten im Interesse des Privatrechts und einer zivilisirten staatlichen Ordnung, eine löbl. Stadt-Kommandantur wolle der unterstehenden Mannschaft den strengsten Befel erteilen, auf daß sie in ihren Quartiren die k. k. Akten und Schriftstücke u. zw. namentlich in den Häusern: Gerichtshaus Nr. 18, 19, 20 (Zivil- und Kriminalgericht und Grundbuchsamt, ferner im Zollamte (Rathaus Nr. 72) und dann in der Advokaturs-Kanzlei des Herrn Dr. Roth in Nr. 20 in der bestehenden Ordnung belassen mögen und zu bemerken, daß sie die etwa durch früheren Unfug dort zerstreuten Schriften zu sammeln und selbe in den offenstehenden Schränken aufzubewaren verpflichtet sind.

Nur Feinde jeder Rechts-Ordnung könnten aus einer Devastazion aller Aktenstücke und Belege in Zivil- oder Strafprocesssachen der Staatsangehörigen Nutzen ziehen und die Geschädigten können ebensogut Preußen wie Österreicher sein.

Trautenau, den 11. Juli 1866.

Die Stadtrepräsentanz.

Das Gesuch wurde entsprechend vom Kommandanten durch mündlichen Bescheid erledigt.

Übernommmen von
Dr. Pauer.

5.

Löbliche kön. preuß. Stadt-Kommandantur
in Trautenau!

Es kommen Fälle vor, daß preuß. Staatsangehörige, zumeist die durchfarenden Vorspannsfurleute, auf den Feldern der hiesigen Bewonerschaft nächst den Straßen Futtergräser, ja selbst Getreide abmähen, aufladen und wegfüren. Die ergebenst gefertigte Stadtrepräsentanz erstattet von dieser Vermögensschädigung und Rechtsverletzung die Anzeige und bittet im Hinblick auf die onehin schon hart und schwer genug mitgenommene trautenauer Bewonerschaft, eine k. pr. Stadtkomdtr. wolle ehestens in geeigneter Weise verfügen und vorkeren, daß diese gemeinen Unzukömmlichkeiten aufhören.

Ferner wurde die Wahrnemung gemacht, daß lüderliche Dirnen in Häusern, wo k. preuß. Militär einquartirt ist, ungenirt aus- und eingehen, one daß es gegenüber dem Verhalten des letzteren in Beziehung zu jenen der Stadtrepräsentanz möglich würde, diesem schlimmen Übelstande zu steuern.

Die erg. gefert. Stadtrprstz. sieht sich daher bemüßigt, hievon Mitteilung zu machen und im Interesse der allgemeinen Gesundheitsverhältnisse um gefällige Mitwirkung zur Beseitigung dieses sanitären Mißstandes, eventuell um Bekanntgebung der zu erlassenden strengen Vorschriften und Maßregeln, welche bei der gegenwärtig schwierigen Lage der Dinge von der gef. Stadtrprstz. in dieser Hinsicht zu treffen und zu handhaben wären.

Stadtreprstz. Trautenau, den 14. Juli 1866.

Haase, Dr. Pauer, Dobiaschowsky.

6.

Von der Stadtrepräsentanz Trautenau wird den hierortigen Gastwirten und Schänkern bedeutet, daß sie sich bei der Verabfolgung von Speisen und Getränken an einheimische und fremde Parteien jeder Übervorteilung, jeder Prellerei bei Vermeidung von schweren Geldstrafen und im Wiederholungsfalle bei Entziehung des Gewerbebefugnisses zu enthalten haben.

Zu diesem Zwecke wird ihnen aufgetragen, die Halbe einfachen Bieres um 6 Neukreuzer, die Halbe Lagerbieres um 9 Kreuzer auszuschänken.

Trautenau, 11. Juli 1866.

Jos. Haase.
Dr. Pauer.

7.

Protokoll

aufgenommen am 21. Juli 1866.

Gegenstand

betrifft die Feststellung des Verkaufspreises des aus der Provinz Pr.-Schlesien mit Bewilligung der hiesigen Militärkommandantur angekauften Kochsalzes per 150 Säcke à zirka 115 Pfund wienerisch Gewicht.

Da der Ankaufspreis für das obige Salz sich mit 1224 fl. one Zufuhr beziffert, so wurde beschlossen, den Zentner dieses Salzes, soweit hievon verkaufsweise etwas abgelassen werden könne mit 9 fl., sage neun Gulden, jedoch nur zentnerweise zu verkaufen, über das Geschäft ein ordentliches Rechnungsbuch zu verlegen und Geld und Material in gehöriger Evidenz zu halten.

Zur unmittelbaren Besorgung des Geschäftes, nämlich zur Abwiegung des Verkaufquantums, der Berechnung, Einkassirung des hiefür entfallenden Geldbetrages, dann zur Evidenzhaltung und gehörigen Verwarung des Vorrates werden die Bürger J. A. Kuhn, Kaufmann und Josef Falge bestellt, welche auch die ihnen zugedachte Dienstes-Obliegenheit bereitwilligst angenommen haben.

Geschlossen und gefertiget

Dobiaschowsky.
O. Klement.
Jos. Gutsch.

8.

Löbl. köu. preuß. Stadt-Kommandantur

„Wir ganz gehorsamst gefertigten Bürger und Besitzer der hier
vor der Mittelvorstadt Trautenau gelegenen Scheuern bitten ergebenst,
daß uns geneigtest gestattet werde, unsere besagten Scheuern, welche
in dieser Kriegsepoche sehr stark beschädigt wurden, zur Einfechsung
unseres zur Einerntung übrig verbliebenen Getreides und Kleefutters
wieder herstellen lassen zu dürfen.

Da die Lüftung und Reparatur der Scheuern dringend notwendig
ist, weil die Ernte sehr nah, so bitten wir in gnädiger Rücksicht auf
unsere materielle Zukunft um einen gnädigen baldigen Bescheid."
Trautenau, den 13. Juli 1866.

Franz Kostial. Joh. Kulhanek.

Eleonora Fiedler. Johanna Emmerling. Josef Tschöp.

Franz Hofmann. Franz Kuhn.

Das vom Mitvorstand Dr. P. überreichte Gesuch wurde durch
entsprechenden Bescheid mündlich willfärig erledigt.

Einem Gesuch vom 16. August von 10 trautenauer Bäckern an
die Stadtrepräsentanz um teilweise Entlastung von ihren Verpflichtungen
betreff der Verpflegung für die militärische Besatzung und die Verwundeten auf Grund einer in der Hinsicht gleichmäßigeren Verteilung
der Kriegslasten auch auf die Bäckergewerbe der Umgebung und zu
dem Zwecke um Requirirung eines Teiles von den hier auf den Markt
gebrachten Broten ward Folge gegeben.

Das 1. Aktenstück seitens der neuen preuß. Besatzung
durch das 2. (Görlitzer) Jäger-Bataillon unter dem
Kommandeur und Oberstleutnant v. Weller, die weitere
Verpflegung derselben betreffend, empfing die Stadtrepräsentanz am 15. August, ein sauber, höflichst und deutlich ge-
schriebenes Schriftstück; die früher erhaltenen hielten sich
großenteils weit entfernt von dieser netten und vornemen
Form der Mitteilung.

Und nun komme ich zum Schlußberichte über unsere
gewisse Petizion an Se. Majestät den König von Preußen
um allergnädigste Behebung (Kontramandirung) der uns von
der preuß. Gardekorps-Intendantur anbefolenen riesigen Requisizion. — Er kann sehr kurz lauten u. zw.: die Stadtrepräsentanz empfing darauf keinen Bescheid und darum
wurde sie auch nicht in Ausfürung gebracht — ein Erfolg,
den wir, begreiflicherweise höchst zufrieden mit dieser
stillen königlichen Erledigung, dankbar registrirten.

Eine kleine kurze Exkursion muß ich denn doch noch
in das Gebiet der unzäligen Requisizionen machen, von

welchen unsere weiteren und näheren Nachbargemeinden von Osten, von W e k e l s d o r f, bis H o h e n e l b e - S t a r k e n - b a c h im Westen, und im Norden bis G r o ß a u p a und S c h a t z l a r heimgesucht wurden, weil sie ja das Bild der Opfer und Leiden eines wenn auch kurzen Krieges grell genug beleuchten. Nur einzelne will ich von den vielen, großen herausgreifen.

Die Requisizionen an Schlachtrindvieh betrugen für die militärische Besatzung und für die Lazarete bis 12. Juli 8900 Pfd. (1 Pfd. $= \frac{1}{2}$ Kilo), u. zw. für die erstere 4875 Pfd., für letztere hier 3725 Pfd., für das parschnitzer 300 Pfd. Rindfleisch. Das Schlachtvieh dazu lieferten: Wildschütz (2310 Pfd.), Trautenau 2200 Pfd., Döberle (Dörfchen bei Trautenau) 800 Pfd., Glasendorf (kleines Dorf) 600 Pfd., Thalseifen (Dörfchen) 400 Pfd., ferner Parschnitz und Mohren (kleines Dorf). Letztes Dorf lieferte bis 16. August noch 6 Stück Schlachtrinder im Werte von 288 fl.

Auf eine Requisizions-Vorschreibung seitens der Stadtrepräsentanz an das Bürgermeisteramt S c h a t z l a r schrieb der Bürgermeister Schmidt unter dem 2. August nachstehendes an jene: „In Befolg des erhaltenen Auftrages von gestern senden wir Ihnen hiemit 3 Stück Rindvieh und ersuchen höflichst, wenn es irgend möglich ist, uns in dieser Beziehung nun zu schonen, da unser Viehstand überhaupt sehr schwach ist, und uns zu allem uns möglichen bereit erklären. — Da vor einigen Wochen Herr Loquenz und Herr Fiedler zur Aufforderung, wegen Requisizionen hier bei uns waren, hatten selbe die in Lieferungsangelegenheiten zu Schatzlar gehörenden Ortschaften Bober, Schwarzwasser, Lampersdorf u. a. 3 auf ihrem Verzeichnisse, über welche ein Übereinkommen (wegen Mitlieferung) stattgefunden hat."

Die Requisizionen an Lebensmitteln aus der Gemeinde M a r s c h e n d o r f betrugen nach der gemeindeämtlichen Zuschrift vom 21. September 1412 fl., aus Großaupa I. und II. Teil 443 fl., aus Trautenbach 485 fl., aus Wolta 203 fl., aus O b e r und U n t e r - W e k e l s d o r f 8 Stück Rindvieh im Werte von 255 fl., aus M e r k e l s d o r f 246 fl., aus B i s c h o f s t e i n vom Dominium 237 fl., aus dem Dörfchen 58 fl.

M a r s c h e n d o r f sendete am 27. Juli 6 Klafter Scheitholz, verspricht noch 9 Klafter später zu liefern, und bittet für fernerhin um weitere Schonung.

Von der Prinz S c h a u m b u r g - L i p p e s c h e n F o r s t -
v e r w a l t u n g wird zum L a z a r e t - B a r a c k e n b a u gegen
Ende Juli eine bedeutende Bretterlieferung requirirt und
selbe von Ratibořiz aus durch den Forstmeister Baron
Ulmenstein in Ausfürung gebracht.

Requisizionen von Bettstellen, Strohsäcken für die
Lazarete wurden nebst Trautenau noch Freiheit (26),
Johannisbad vorgeschrieben.

Auf eine Requisizion von Furen aus P a r s c h n i t z erwiderte der
Gemeinde-Vorstand Jos. Stechmann: „In Folge geehrter Zuschrift ddto.
25. Juli l. J. wird vcm gefertigten Gemeinde-Vorstande angezeigt, daß
am heutigen Tage von Parschnitz ein Wagen mittelst eines kön. preuß.
Transportes nach Waldenburg um Haber gesendet worden sei, ein
anderer parschnitzer Wagen Ordre harrend noch heute nachmittags in
der Stadt stand, gleichwol mir bewußt ist, daß heute 3 petersdorfer
Wagen mit dem Transport nach Waldenburg gegangen sind. — Es
wird ersucht, mit den parschnitzer Bauern etwas Rücksicht zu nemen,
weil aus loco Parschnitz bereits 8 zweispännige Bauern sich auf dem
Transporte befinden."

S t a r k s t a d t hatte am 30. Juni für die in Trautenau
lagernde Garde-Artillerie Narungsmittel für Menschen und
Pferde im Werte von 648 fl. zu liefern; eine spätere Requisizion, am 26. Juli vorgeschrieben, bezifferte die Gemeinde
mit 351 fl. Bei dieser hatte sie große Unannemlichkeiten
hinzunemen, welche die Starkstädter tief erbitterten und
worüber sie in einer Korrespondenz von dort sehr herb,
vielleicht auch etwas übertreibend berichten. Ich neme
den Artikel hier auf, weil er ein das Requisizionswesen
kennzeichnender Stimmungsbericht ist, also lautend:

S t a r k s t a d t, im Oktober. Obwol wir durch feindl. Truppendurchzüge wärend des Krieges wenig molestirt wurden — Dank unserer
ausgezeichnet schlechten Straße — so genossen wir doch auch des
Glückes zweier feindl. Requisizionen, an deren letztere unterm 26. Juli
(beziehungsweise deren inhumane Betreibung) sich nur empörende
Erinnerungen knüpfen.

Der betreffende Auftrag dieser denkwürdigen Requisizion war
von der trautenauer Stadtrepräsentanz an die hiesige Gemeinde-Vertretung
ergangen, und wurde nebst Vieh auch Getreide und Stroh zur sofortigen
Ablieferung in Trautenau verlangt.

Da jedoch sämmtlich hier umliegende Ortschaften noch nichts
geleistet, so wurde um vorläufige Sistirung dieses Auftrages mit Hinweis
auf die noch verschont gebliebenen und leistungsfähigern Ortschaften
ersucht.

Niemand ahnte aber, welche unangeneme Folgen die als renitent beurteilte Erwiderung für uns haben wird.

Am 27. Juli marschirte eine Kompagnie preuß. Landwehr von Trautenau hierorts unter Fürung des Premier-Lieutenants v. d. Schelle ein.

Im ersten Augenblicke nichts Arges ahnend, glaubte man allgemein, mit einer mertägigen Einquartirung höchstens belästigt zu werden, — doch als sämmtliche Ausgänge des Städtchens besetzt wurden — so faßte die Gemüter doch etwas Angst und Besorgnis über die Dinge, die da kommen sollen.

Nun mußte der Bürgermeister vor die preuß. Autorität gerufen werden, welchem eröffnet wurde, binnen 2 Stunden das doppelte der ursprünglich geforderten Quantität an Getreide, Stroh und Vieh zu verschaffen; widrigens die strengsten Repressivmaßregeln angewendet würden, ja sogar mit Abbrennen unseres Städtchens drohte Herr v. d. Schelle, wenn man renitent wäre. — An Alles andere nur an Widerspenstigkeit dachte bei dem Glitzern der aufgepflanzten Bajonette kein Mensch, und es wurde schnellstens, was nur aufzutreiben war, besorgt. Doch die anberaumte Zeit verstrich und es felte noch an einigen Strich Korn — weßhalb der Herr Bürgermeister eingesperrt wurde; als im Verlauf der nächsten Stunde das Geforderte beigeschafft war, felte es jedoch noch an einem Vorspannswagen, und es erging daher von dem äußerst menschenfreundlichen Kommandanten an den ersten Herrn Gemeinderat der Auftrag, daß, falls derselbe binnen einer viertel Stunde nicht besorgt sei, 25 Stockstreiche demselben öffentlich applizirt würden, ja noch andere Exekutivmaßregeln waren vorbehalten, welche eher an die Kriegfürung wilder afrikanischer Stämme als an die viel gepriesene preuß. Intelligenz erinnerten. Erst um 10 Ur Abends gefiel es dem liebenswürdigen v. d. Schelle den Herrn Bürgermeister aus dem Verhaft zu befreien. War doch auch unserm Gastwirt Böhm von diesem Muster leitender Requisizionen in Aussicht gestellt, 25 Hiebe zu bekommen, wenn er demselben zum Nachtmal nicht neue Kartoffeln verschafft.

Wärend dieser Zeit wurden sämmtliche Gewere abgefordert und die dienstfreie Mannschaft einquartirt.

Daß die Landwehrmänner bei einem ser vortrefflichen Appetit waren, ist überflüssig zu erwänen, weil dies allgemein bekannt — ja sie leisteten Erstaunliches — und solche Porzionen in kurzen Perioden zu vertilgen, dazu gehört warlich nur ein in Böhmen durch Übung entstandener ausgedenter preuß. Landwehrmagen.

Den andern Tag verließen uns zeitlich diese unwillkommenen Gäste unter dem Klange ihrer berümten Janitscharen-Musik.

Auf die Inaussichtname von Requisizionen aus der Gemeinde Altenbuch schrieb anfangs Juli das Gemeindeamt durch seinen Vorsteher am 7. Juli an das preuß. Platzkommando hier wie folgt: „Laut Weisung des löbl. Stadtrates Trautenau wurde der Gemeindevorstand von Altenbuch angewiesen, in der Ortsgemeinde die entberlichsten Gegenstände von Lebensmitteln in einem Ausweis zu erheben und binnen 36 Stunden vorzulegen.

Da die Ortsgemeinde Altenbuch ein armes, an Naturalien und Lebensmitteln ser bedürftiges Dorf ist und onehin durch die stattgefundenen Militärzüge und Lager der Truppen an der Gränze (des Dorfes) oben wie unten an Lebensmitteln aller Art, wie auch an Vieh geplündert worden ist, so wurde wegen Mangel an Lebensmitteln, welche nicht mer zum notwendigen Unterhalt der Ortsbewoner hinreichen, laut Weisung der Lazarten - Verwaltung zu Jauer (!) vom 1. Juli 1866 jede weitere Requisizion im hiesigen Orte im Interesse der Menschlichkeit untersagt."

Eine auch nicht uninteressante Zuschrift von der ser kleinen Gemeinde D r e i b o r n bei (Radowenz) vom 26. Juli, gefertigt vom Vorsteher Franz Seidel und dem Gemeinderate Anton Hartmann, lasse ich stilistisch fast unverändert, nur in der Ortografie verbessert drucken, weil sie gleichfalls die Schwierigkeiten und das zeitweilige Unrecht beim Requiriren beschreibt: „An die Herren Stadtrepräsentanten Josef Haase, O. Klement in Trautenau. — Nach dem Auftrag v. 25. Juli 1866 über 2 Stück schlachtbares Rindvieh zu liefern — da aber die Gemeinde Dreiborn erst am 7. Juli nach Adersbach 4 Stück Rindvieh und 46 Laib Brod geliefert hat, so bittet die Gemeinde, wann für diesmal wir mit der Lieferung überhoben werden könnten, da sie onehin um die umliegende Gegend eine von den ärmsten Gemeinden ist. Und da doch noch merere Gemeinden in der Nachbarschaft sind, die noch keine Opfer in dieser Hinsicht beigetragen haben, so glauben wir, das wäre doch unpraktisch, wann eine oder die andere Gemeinde befreit bleiben sollte. Da bei der ersten Lieferung angegeben wurde, daß die 4 Stück Vieh für die gefangenen Österreicher in Adersbach geliefert werden sollen, nachdem aber das Vieh herbeigebracht wurde, so wurden 2 Stück davon nach Friedland ins Preußen (Schles. bei Halbstadt) geliefert. Da ist es zur Sprache gekommen, daß sie die 2 Stück Vieh für ein Paar Thaler verkauft haben, da ist es doch für eine solche arme Gemeinde, wo wir nicht wissen, wie wie früher unsere armen Leute ernären sollen, recht traurig."

Für das W i l d s c h ü t z e r S c h l o ß - L a z a r e t war dem dortigen Gutsverwalter Emanuel Knauer das Requirirungsrecht in den westlichen Gemeinden (Arnau u. weit.) von der traut. Stadtrepräsentanz erteilt worden; er wollte denn anfangs August die Gemeinde P i l s d o r f wieder einmal in Kontribuzion setzen, wogegen der Gemeindevorstand eine vom Oberlehrer in Pilnikau, Ignaz Kudernatsch, verfaßte Vorstellung gegen die tendirte wildschützer Lazaret-Requisizion bei der S t a d t r e p r ä s e n - t a n z einbrachte, die ich aufzunehmen auch für wert halte. Man schrieb: „Laut Anweisung des löbl. Wirtschaftsamtes zu Wildschütz vom 10. Aug. l. J. in Vollmacht . . . . . hat die Gemeinde Pilsdorf bis zum 13. d. M. abermals an das Lazaret zu Wildschütz 100 Pfd. (50 Kilo) gute Butter und 400 Pfd. gut ausgebackenes Brod einzuliefern, hat aber erst am 8. Aug. an obiges Lazaret 3 Zntr. Fleisch und heute als am 10. Aug. neuerdings zur Verpflegung der königl. preuß. Militärs in Trautenau 15 Strich Korn eingeliefert.

In Anbetracht, daß diese Gemeinde gewiß eine im weiteren Umkreise von jenen Gemeinden ist, welche am meisten gelitten haben und sich heute in einer ser traurigen Lage befindet, wagt dieselbe einer löbl. Stadtrepräsentanz zur gütigsten Erwägung und Berücksichtigung vorzulegen, wie groß der Verlust für dieselbe sich nach der unter Eidespflicht gepflogenen Aufname herausstellt, welcher derselben zugefügt wurde u. zw. bei dem Anmarsche des preuß. (1.) Armeekorps unterm 28. u. 29 Juni bei deren Lagerung und Requisizionen, wo folgendes teils abgenommen, teils gänzlich zu Grunde gerichtet worden ist.

An Kornaussaat .... 521 Mandeln (à 15 Garben)
„ Korn requirirt .... 36 Strich
„ Haberaussaat .... 227 Mandeln
„ Haber requirirt .... 222 Strich
„ Weizenaussaat .... 42 Mandeln
„ Gerstenaussaat .... 21 „
„ Heuwuchs u. requirirt ... 742 Zentner
„ Holz .... 129 Klafter
„ Stroh .... 81 Mandeln
„ Butter .... 345 Pfund
„ Rindvieh .... 22 Stück

One fernere Einrechnung der ausgesteckten (zertretenen) und der gelieferten Erdäpfel und noch anderer bedeutend angebauten zu Grunde gegangenen Sommerfrüchte, sonstiger Viktualien und geistiger Getränke, beträgt jenes schon einen ser großen Wert. Diese Gemeinde bittet daher ergebenst: Eine löbl. Stadtrepräsentanz wolle bei dem königl. preuß. Kommando gütigst dahin einwirken, womit dieselbe in Berücksichtigung obig erlittenen Verlustes weiterhin mit Lieferungen von einer oder der anderen Seite gütigst verschont werden wolle.

Gemeindevorstand Pilsdorf, am 10. August 1866.

Wenzel Tham, Gemeindevorsteher, Franz Wick, Gemeinderat, Wenzel Sturm, Wenzel Wick, Ausschußmitglieder".

(Pilsdorf, zur Pfarrgemeinde Pilnikau gehörig, zälte damals an 1000 Einwoner, ist ein mittelgroßes Dorf, welches das Städtchen Pilnikau umschließt).

Auf diese wolbegründete Leidenschrift gab die Stadtrepräsentanz dem Wirtschaftsverwalter Em. K. nachstehende Direktive:

„Wie hieramts bekannt, wurde die Gemeinde Pilsdorf beim Durchzuge der königl. preuß. Truppen hart mitgenommen und hat dieselbe auch seither zur Verpflegung des biesigen Besatzungs-Bataillons und der Lazarete bedeutende Requisizionen zu leisten gehabt, so daß die Verschonung dieser Gemeinde von weiteren Requisizionen aus Billigkeitsrücksichten unterstützt zu werden verdient.

Indem die gefertigte Stadtrepräsentanz diesen Umstand Euer Wolgeboren hiemit zur Kenntniß bringt, ersucht dieselbe zur Beseitigung aller sonst zu gewärtigenden Beschwerden bei den künftigen Requisizionen für das dortige Lazaret von der Gemeinde Pilsdorf abzusehen und sich mer in die Gegend des Hohenelber Bezirkes, welche, wie man hört, bisher weniger gelitten, gefälligst zu wenden.

Trautenau, 12. Aug. 1866."

Man erzälte, daß bei einer Lebensmittel-Requisizion, welche Arnau vorgeschrieben erhielt und die von einem Kompagnieteile der preuß. Landwehr in Trautenau begleitet wurde (diese war jedoch nicht als Exekuzion anzusehen, sondern eines kleinen Übungsmarsches wegen mitgehend) die Arnauer wol einen Teil der Requisizon leisteten, daß aber über Einraten eines findigen Mitbürgers, der es pläusibel zu machen verstand, daß Arnau keineswegs reich sei und schon viel geleistet habe, daß dagegen die Nachbarstadt Hohenelbe vielmer bieten könne, dann die kleine Truppe mit ihm richtig nach Hohenelbe abzog, und durch ihren Einmarsch die harmlosen Hohenelber in natürlich nicht gelinden Schrecken versetzte. Diese haben, erzält man weiter — und es ist gewiß nicht erfunden — viel und mer gegeben, als sie sollten, und haben zweifelsone der preuß. Mannschaft auch einen guten üppigen Tag bereitet. Der arnauer Schlaumeier hatte dabei seine Heimatstadt geschont und hat an dem Tage interessanteren Verker und Leben für Groß und Klein in das stille, grüne Tal gebracht; freilich soll er nachher nicht mer ein freundlich angesehener Gast in Hohenelbe gewesen sein.

Eine unangeneme Erfarung, änlich wie die starkstädter, mußte in so einer Requisizionslage auch die čechische Stadt Starkenbach machen. Es war das doch ihre eigene Schuld; die Stadt war leistungsfähig, glaubte aber durch die von Trautenau scheinbar unerreichbare Entfernung (beiläufig 4 Meilen) vor einer Exekuzion sicher zu sein und eine Requisizionsvorschreibung daher in ziemlich schroffer Weise ablenen zu dürfen.

Ihre dießbezügliche Zuschrift wurde der Kommandantur, resp. Herrn Major Wapnitz, vom Stadtvorstande Haase zur weiteren Verfügung und Veranlaßung der Einbringlichmachung jener Lebensmittel-Requisizion überreicht. Ein preuß. Kommandeur versteht keinen Spaß — ein anderer ja auch nicht — und Hr. Wapnitz war in solcher Frage auch nichts weniger als weichherzig; er kommandirte sofort einer Kompagnie seiner Löwenberger sich marschfertig zu machen, nach Starkenbach abzumarschiren und dort die vorgeschriebene Requisizion mit aller Strenge einzutreiben; dem Herrn Major war der Anlaß, einem Teile seiner Mannschaft das Vergnügen eines Übungsmarsches bereiten zu können, ser recht, und die Leute waren entzückt, ins Freie zu kommen, und Marschzulage (aus dem Gemeindesäckel Starkenbachs) zu erhalten; Trautenau war nicht verstimmt darüber, daß es für eine Kompagnie Landwehrleute zwei Tage lang nicht zu sorgen, sie nicht zu verpflegen hatte. Der Anblick der feindlichen Krieger riß freilich die Starkenbacher alsbald aus dem eitlen Wane, daß sie nicht im Machtbereiche der preuß. Kommandantur und der trautenauer Stadtrepräsentanz auf Kriegsdauer liegen; die Requisizion leisteten sie one Widerstreben one Verzug, aber einen unangenemen Besuch hatten sie sich doch überflüßiger Weise zugezogen.

Man würde mir hierstadts sicherlich Vorwürfe machen, daß ich, wenn ich es nicht noch täte, in der Schrift nicht auch die Geschichte einer eisernen Kasse, die am 29. Juni geschah, aufgenommen habe. Ich lasse sie von einem Augenzeugen, wie er sie im „Vorwärts", dem einstmaligen Wochenblatte von Braunau erzälet hat, folgen, also:

„Unvergeßlich bleibt mir der Moment, wo die Werthheim'sche feuersichere Kasse der gabersdorfer Akzienspinnerei von preuß. Soldaten

lte. Da diese Kasse Privateigentum war, und ich
er) wonhaft zuerst Kenntnis von dem Vorhaben
eshalb sogleich die Anzeige bei der Stadtrepräsen-
Ierr Dobiaschowsky, nun Mitglied der Stadt-
gte ganz unerschrocken, wer denn den Befel ge-
e zu erbrechen. Sogleich sagte ein schmächtiges
Iännchen: „Den Befel hierzu habe ich gegeben!
unerschrocken bekam er zur Antwort: ‚Ich bin
itanz und werde darüber sogleich dieser, sowie
richt erstatten.‘ Im Nu war besagtes Geldmännchen
der Dinge begierig, die daraus entstehen sollten,
Laube begegnete ich aber schon den Vorstand
ls auf dem Wege zum Kommandanten war, um
g der Kasse Rücksprache zu nemen. Auf seinen
gehen, begleitete ich ihn zum Kommandanten.
nden wir unser schon bekanntes Männchen im
iit Herrn Wapnitz. Da Herr Haase unseren
ht kannte, so wendete er sich alsogleich an den
mit der Frage, wer denn den Befel zur Eröffnung
Kasse gegeben habe. Anstatt des Gefragten ant-
„Den Befel hierzu habe ich gegeben!“ ‚Nun gut,‘
ien Befel haben Sie gegeben, aber wer sind Sie?
Sie hierzu den Auftrag? Ich glaube, jedes Privat-
nter kön. preuß. Schutze, welche Versicherung uns
en Erlaß von Ihrer h. Regierung zugekommen ist,
ch kein Recht haben, diese Kasse, die unstreitig
brechen zu lassen. Was bewegt Sie also hierzu?‘
i Szene stand der Herr Kommandant ganz ruhig,
sten an dem Gespräche zu beteiligen. Jedoch sah
ene, daß er mit dem Vorgehen des Gewalthabers
var.
dann des Herrn Haase, warum er denn die Er-
folen habe, gab der genügsame Zalmeister folgenden
e deshalb diese Kasse, in welcher sich „viel
ffnen, um Ihnen die Möglichkeit zu verschaffen, der
erung an Hafer und Brod nachkommen zu können.
diese, sondern alle Privatkassen öffnen laßen und
eld Ihnen übergeben, damit Sie dafür in den kön.
und Korn ankaufen laßen, und sich so auf eine
Art Ihres Auftrages entledigen können.“ Hierauf
adtvorstand in seiner gemessenen Ruhe: ‚So wenig
s 3 Uhr nacbmittags die unerschwingliche Masse
efern, ebenso wenig werde ich einen Kreuzer Geld
iir auf solche Art einhändigen wollen. Die Stadt
en Kräften angemessen ist, und das aus eigenen
erde ich mich dazu hergeben, um auf Unkosten
n einer Last zu befreien.‘ Da unser geschickte
ieser einfachen aber offenen Erklärung zur Er-
zu sein schien, daß mit diesem Manne nicht so
en sei, so begnügte er sich später mit demjenigen

Quantum an Brod und Hafer, was eben für den Bedarf nötig war. Die besprochene Kasse aber ließ er dennoch öffnen, und nachdem 12 Mann beinahe 10 volle Stunden mit allen möglichen Werkzeugen gearbeitet, die Kasse wol total ruinirt, aber nicht geöffnet hatten, so wurde ein Schlosser gerufen, der erst zuvor sein Werkzeug zerbrochen und verdorben hatte, bis die Tür der Kasse geöffnet war. Und was fand unser vor Geldgier brennende Zalmeister in der mit so großer Anstrengung geöffneten Kasse? Nichts, als einige Bücher!! Ganz ungläubig und untröstlich über diesen mißlungenen Versuch durchwülte er mit eigenen Händen die Bücher und Papiere, und nachdem er sich bei der Assistenz, die er auf Anforderung des Kommandanten von der Stadtrepräsentanz hinzuziehen mußte, empfolen hatte, zog er beschämt ab! — Später wollte er auch noch die Kasse des Herrn Faltis öffnen lassen, da kam ihm der Herr Prokurist in dieser Arbeit zuvor und beseitigte früher das überflüssige Geld aus derselben und ließ bloß einen kleinen Betrag darin, den er selbst angegeben. Unser Herr Zalmeister wollte sich doch überzeugen, ob denn der Herr Prokurist auch die Wahrheit rede und überraschte daher letzteren mit seinem Besuche, nam aber nicht alles in der Kasse befindliche Geld, sondern begnügte sich vorläufig mit 500 fl. ö. W., wärend er einige Stunden früher 3mal so viel Tausende beanspruchte."

Einiger kleiner Requisizionen, welche direkt an mich adressirt wurden, will ich doch noch Erwänung tun, weil sie geeignet, das Requisizionsbereich auch in kleinen Dingen zu beleuchten. So schrieb man mir am 30. Juni: „Herr Dr. Pauer, dirig. Zivilarzt. — Für Spital Stadt Nr. 7 (Verwundete größtenteils auf der Laube), für 26 Mann bitte für heute sofort etwas Brod und für morgen Fleisch anzuweisen."

H. Roscher.

Am 7. Juli. „Herrn Dr. Pauer bitte ich, den Herrn Dr. Werner aus Leubus einquartiren zu wollen." **Frh. v. Senden.**

Am 8. Juli. „An Herrn Dr. Pauer, „8 Pharmazenten sind einzuquartiren und anpassend zu verpflegen; vielleicht bringen Sie dieselben in 2 Quartiren à 4 Personen oder in 4 Quartiren à 2 Personen unter, damit die Beköstigung den Quartirgebern nicht zu lästig wird." **Frh. v. Senden, Joh.-Ritter.**

Auch vom 8. Juli. „Herrn Dr. Pauer ersuche ich, für den Chirurgen Herrn Behr Quartir und gute Verpflegung anweisen zu wollen." **Frh. v. Senden, Joh.-Ritter.**

Es scheint, daß ich mich für eine gute Verpflegung für diesen nicht warm verwendete, denn am 9. Juli erging an die Stadtrepräsentanz nachstehende Weisung: Den Magistrat ersuche ich, für den Herrn Arzt Behr, der Nr. 36 wont, gleich dafür zu sorgen, daß demselben anständige Verpflegung wird, widrigenfalls das beansprucht wird, was ihm zusteht." Im Auftrag von **Bar. v. Senden: v. Buggenhagen.**

ßten wir für jeden ersten besten Preußen, der
und für sein preußisches Vaterland unsterbliche
wie?!) leisten wollte, materiell sorgen.

für nächtliche Unterbringung so mancher
meist vornemer adeliger und bürgerlicher
und Ordens-Johanniterritter, welche mit Spenden
1 oder nach Lazaret N e u - R e t t e n d o r f (Seiden-
?orn. Valero) und Königinhof weitergingen, und
?argespanne ward mir die Obsorge zu Teil.
recht gern.

penden, welche an mich freiwillig kamen, er-
r noch erwänenswert, u. zw. unter anderen
e i h e i t vom 4. Juli mit dem Schreiben:

„E u e r W o l g e b o r e n !
1en Ihnen zwei Fläschchen echten Malaga und wollen
:kung für verwundete österr. Militärs verwenden. Was
1ein, werde ich tun und ich glaube, daß Sie auch ein
: mich nicht verlieren werden.
rau schickt Ihnen ein Stück Rehzemer, ich schicke auch
ämmtliche Kranke.
r Hochachtung ergebenst
                                                Josef Schier.“

errn Hugo W i h a r d, Flachsgarn-Fabriksbesitzer
h-)L i e b a u erhielt ich am 9. Juli 1866 — 27
:hheimer Wein, an 500 Stück Zigarren und an
Kilo) feinsten Varina-Tabak, Das ansenliche
it so manchem österr. und preuß. Verwundeten
und dem Spender besten Dank bereitet. —
rd hat in Liebau auch vielen gefangenen
ei ihrem Durchmarsch am 29. und 30. Juni
.ten erwiesen.

V. Abschnitt.

(Verratslüge. Verfolgungswan. Berichte hiezu. Starrer Glaube. Die
Gefangenen. Aus Czerny's Apoteke. In Glogau. Schritte und Pe-
tizionen um ihre Befreiung. Kardinal-Fürstliche Intervenzion beim
Könige. Kein Erfolg. Zeitungsberichte über die Verratslügen.)

Wenn man als Österreicher auf das Kapitel des
trautenauer „Verrats" — der ist nämlich der Erzeuger der un-
entschuldbaren Gefangennemung der Trautenauer am 27. Juni
— zu sprechen kommt, so verbittert sich stets bei uns heftig
die Stimmung gegen das ostpreußische Armeekorps und man
kann, man muß mit vollem Recht die herbste Kritik an den
Taten und Gewaltakten desselben in und bei Trautenau am
27. und selbst noch an denen vom 29. Juni üben. Es ist,
und man wird dem Feinde kein Unrecht antun, wenn man
sagt — die Merheit seiner großen starken Leute gewesen,
die Deutsche wol geworden, in denen jedoch noch gewisse
Eigenheiten und Leidenschaften der slavischen (polakischen)
Rasse, von der die Ostpreußen großenteils doch abstammen,
in ihrem Blute noch vegetiren, welche — die meisten von
ihnen feindselig, wohl auch erhitzt von Alkoholika — eine
Bosheit gegen uns — die Trautenauer — und eine Zer-
störungswut gegen unser Mobilarvermögen, ja selbst gegen
Genußmittel manifestirten und obendrein ihre Zuflucht zur
Lüge und Beschimpfung namen, nur um damit ihre Feler
und Rohheiten zu maskiren, sich dadurch rein zu waschen.
Das war nicht deutsch, daß sie die Trautenauer so schlecht
machten. Es bezeugt das eine wahre Kakomanie, wie als wenn
ein Teufel in sie gefaren, als wenn ein Verfolgungswan in
ihren Köpfen ausgebrochen wäre. Wir wußten nicht, wie
uns geschieht, als wir ihre perfiden Faseleien und Lügen-
mären in preuß. Blättern lasen, wie z. B. in der „Schles.
Ztg." v. 29. Juni geschrieben steht:

Liebau, 27. Juni. Seit heute Morgen um 6 Uhr bei Trautenau
harter Kampf bis Mittag, um welche Zeit die Preußen Vorteile errungen
hatten. Es sind bereits viele Opfer gefallen, von denen merere, u. A.
ein Major und merere Lieutenants hier eingebracht worden sind. Auch
soll ein General schwer verwundet sein. Österreicher sollen in Massen
das Schlachtfeld bedecken. Unsere Truppen sind tief entrüstet über
den Empfang, der ihnen in Trautenau bereitet wurde. Aus den Fenstern

nd vom Turme herab wurden sie mit Schüssen empfangen, und zwar
rugen die Schützen bürgerliche Kleidung. Man erzält, dem Bürgermeister sei die Pistole auf die Brust gesetzt worden, worauf er die
Erklärung abgegeben habe, die Schützen seien verkleidete Soldaten
gewesen, ein Märchen, woran niemand glaubt.

oder was wir in der „Breslauer Ztg." aus Bolkenhain
v. 29. Juni lasen:

(Transport österr. Gefangenen.) Gestern lief die Kunde
von einem, am 27. bei Trautenau stattgefundenen Treffen von Mund
zu Munde, und wie immer, wuchs die Stärke unseres und des feindlichen
Heeres um Tausende. Einige Bewoner eilten nach dem $2^1/_2$ Meilen
entfernten Landeshut, teils um nähere Kunde einzuziehen, teils Angehörige für alle Fälle hierher zu bringen. Gegen Abend traf die
Nachricht ein: ein Gefangenen-Transport werde hier eintreffen und
nächtigen. Nach 9 Uhr langte unter Fürung eines Ingenieur-
Offiziers der 233 Köpfe zäblende Gefangenen-Transport hier an,
eskortirt von 96 Pionniren. Das Schießhaus beherbergte, mit Ausname
der 7 österreichischen Offiziere, welche im offenen, erlichen Kampfe
gefangen genommen und im Gasthofe abtraten, die übrigen Mannschaften
nebst Wache. Für die Verpflegung wurde sofort gesorgt. Eine Anzal
Herren von hier beeilten sich, für Erquickung der sichtlich ser ermüdeten, mit großer Bescheidenheit und äußerst artigem Wesen auf-
tretenden Offiziere Sorge zu tragen. Der das Kommando fürende
Ingenieur-Offizier erzälte: Nachdem Trautenau von Patrouillen
abgesucht worden, feindliche Truppen aber nirgends
sichtbar gewesen, nach Aussage der Bewoner und namentlich des
Bürgermeisters die Stadt von aller Besatzung frei sei, ist unsererseits
der Einmarsch mit klingendem Spiele erfolgt. Aber in der Straße ist
das einrückende Regiment von einer Salve empfangen worden,
welche 14 Mann niederstreckte. (!) Aus den Fenstern und Dachlucken
hat man siedendes Wasser und Pech auf unsere Soldaten ge-
gossen. So hat der Kampf begonnen. Die Pionnire haben wacker
mit Aexten und Brecheisen gearbeitet, um in das Innere der Häuser
zu dringen und hiebei ist auch die Gefangenname des Bürgermeisters
erfolgt. — Die Wirksamkeit unserer Geschütze (!) und Zündnadel-
Gewere soll eine gräßliche gewesen sein, aber auch der Tapferkeit
unserer Truppen wird großes Lob gespendet. Die Leute haben brillant
gefochten. — Heute Früh beeilte sich Bolkenhains Einwonerschaft,
sowol den Transport- als Gefangenen-Mannschaften einen kräftigen
Marsch-Imbiß zuzutragen. Der Bestimmungsort der Gefangenen ist
Glogau. Hiebei entsteht aber eine Frage: zu welchem Endzweck läßt
man die Bedeckungs-Mannschaft mit vollem Gepäck, Helm und Schanz-
zeug marschiren?

Wir finden ferner in neuester Zeit noch eine barocke
Idee, eine geistig sublime Auffassung des trautenauer „Verrats" in der Unterhaltungs-Beilage der „Täglichen Rund-

5

schau" (Berlin) vom 6. Juni 1886. Ich republizire sie nachstehend:

„Ich habe schon gesagt, daß ich den Bürgermeister Dr. Roth sammt der Trautenauer Bevölkerung für unschuldig und die preußische volkstümliche Darstellung, wie ich jetzt bemerke, für eine Legende halte. Gleichzeitig gestehe ich, daß ich die für die Trautenauer so wenig schmeichelhafte preußische Schilderung um keinen Preis missen möchte. Es wont ihr eine innere Berechtigung inne, (!) eine tiefe Poesie ist drin verborgen, mit überraschender Schärfe sind Gedanken verkörpert worden. Die preußische Legende knüpft an ein geschichtliches Ereigniß an; und wie sie anknüpft, ist ausfürlich nachgewiesen. Indessen füge ich hier noch hinzu, daß es ausschließlich in der eigentümlichen Beschaffenheit des Schlachtfeldes begründet liegt, daß sich gerade an Trautenau, nicht aber an einen anderen Kampfplatz Böhmens überhaupt eine solche Legende knüpfen konnte, die Örtlichkeit scheint sie eben nirgend anderswo, wie es in Trautenau der Fall gewesen, geradezu herausgefordert zu haben. Die innere Berechtigung der Legende dagegen ist auf einem anderen Gebiete zu suchen: — in dem Rassenkampf zwischen Deutschen und Slaven! Die Hauptuntugend, welcher die Deutschen die Slaven beschuldigen, ist der Ausgangspunkt der Legende: die Falschheit. Der Bürgermeister geht freiwillig den preußischen Truppen entgegen und versichert ihnen, daß die Stadt von den Österreichern nicht besetzt ist, wärend gerade das Gegenteil der Fall ist — einer größeren Falschheit kann doch ein Mensch kaum fähig sein! Die weiteren Untaten entspringen als unvermeidliche Folgen jener ersten, aber in allen kommt das Leitmotiv zum Ausdruck: Falschheit, Tücke, Hinterlist. Die auf die Warung ihres Deutschtums so eifersüchtigen Trautenauer sind in der preußischen Überlieferung zu wütenden Slaven geworden, und den Dr. Roth, den deutschen Bürgermeister einer deutschen Stadt, hat die Legende zum Urbild eines Slaven nach deutschen Begriffen gestempelt. Dr. Roth ist ein wahrhaft abschreckender Mensch geworden, so mit allen Untugenden behaftet, wie sich die Deutschen die Slaven, und nicht in letzter Linie die Deutsch-Österreicher und preußischen Schlesier sich die Czechen vorzustellen gewont sind. H. Rasel."

Was soll man dazu sagen! Will der doch Warheit und Recht liebende Schriftsteller, nachdem er gewiß im Namen sehr vieler einsichtsvoller Preußen ein pater peccavi ausgesprochen, zu guterletzt die Trautenauer den deutschen Freunden und Nachkommen noch in späten Jarhunderten als böse, böhmische (slavische) Rübezale konserviren. Das ist heutzutage doch ein absonderlicher dichterischer Einfall, ich meine, eine Geschmacklosigkeit sondergleichen. Ich neme gerne an, daß Niemand ihm den Gefallen tun wird, eine solche poetische „Herbstzeitlose" fortzupflanzen. —

Psichologisch merkwürdig bleibt es immerhin, daß es heute noch genug Leute im Auslande gibt, welche immer noch an die Schauermär des trautenauer „Verrats" glauben, darunter auch distinguirte Herren und Damen; wie oft habe ich das in meinem 20järigem Verker mit Kurgästen in Johannisbad erfaren; ich erzäle, um nur eines Falles zu gedenken, dieses: Im Jare 1874 lud ich den königl. preuß. General-Feldmarschall v. S t e i n m e t z (den Sieger von Nachod) ein, welcher in der Hochsaison mit seiner prächtigen und fein-innigen Gemalin einige Wochen in Johannisbad verweilte, mit mir einmal nach Trautenau zu faren, es anzusehen. „Dahin fare ich nicht," antwortete er, „die Leute haben ja dort auf uns geschossen." — ‚Aber, Excellenz, im Kampfe unsere Soldaten wol', erwiderte ich, ‚keinesfalls aber die Bürger, glauben sie das doch dem erlichen Doktor.' — „Nein, nein, dahin fare ich auf keinen Fall," das war sein Schlußwort. — Fest bin ich überzeugt, daß der damalige Kronprinz von Preußen, der verewigte Kaiser Friedrich, da er ja Trautenan kennen lernte, die Verleumdungsgeschichte über die Trautenauer nicht geglaubt hat; in seinem hinter-lassenen Tagebuche wird es wol geschrieben stehen.

Bei den unverschuldeten Gefangenen, welche teils unserer Stadt, teils der Umgegend angehörten, werde ich in dieser Schrift nicht länger verweilen, da ja ihre Leidens-geschichte in Dr. Roth's Brochüre „Achtzig Tage in preußi-scher Gefangenschaft" ausfürlich erzält ist. Ich habe haupt-sächlich wol nur mitzuteilen, was wir — die Stadtrepräsen-anz — in jener schweren Zeit versucht und unternommen haben, um jene Unglücklichen aus ihrer martervollen Lage zu befreien.

Zu ihnen gehörten der Bürgermeister Jur. Dr. und Advokat Hiero. R o t h (verh.), Bezirksgerichts - Adjunkt (Assessor) Joh. S c h e p s (verh.), ein alter schwächlicher Mann, der Apoteker Karl C z e r n y jun. (ledig), dessen Vater Stadtrat war; der bürgerliche Schützenkommandant und Grundstückbesitzer Eman. F i e d l e r (verh.), der Gast-hauspächter im „weißen Roß" Anton S t a r k (verh.) und ein K e l l n e r, ein schwächlicher Knirps, und ein Stamm-gast des Gasthofes, der e n g l i s c h e S p i n n m a s c h i n e n-Monteur, ledig, der hier lange schon beschäftigt, ser gebrochen

deutsch sprach und ein schlichter älterer Mann war, welche
beide dem Gastwirte die da zechenden Soldaten bedienen
halfen; ferner der Grundstückbesitzer und städtische
Polizeimann Ignaz Gutsch (verh.), ein alter kränklicher
Mann; der Bürger Hönig (verh.), ein alter Mann, Hausbesitzer in der Niedervorstadt, der Maschinenschlosser Jos. Lesk
(verh.), zwei Postbeamte czechischer Nazionalität (ledig) —
sie wurden mit Gefangennemung bestraft, weil man in
ihrer Amtskanzlei im Posthause unten über der Aupa (vor
der Brücke, welche morgens am 27. Juni verbarrikadirt war)
eine Pistole fand —, ferner zwei Fabriksarbeiter aus
Trautenau, ein Schuhmacher aus dem nahen Parschnitz,
ein Schlosser aus Freiheit, ein Häusler aus Großaupa,
ein Arbeiter aus Bausnitz und ein Leiermann aus
Hohenelbe.

Der Apoteker Karl Czerny war seit dem Einrücken
der Preußen in die Stadt mit seinem Provisor Jung bis
gegen 12 Ur vollauf damit beschäftigt, den fort-
wärend in die Apoteke strömenden Soldaten Spirituosen
zu verabreichen, wärend sein alter Vater, ein zartgebauter,
fein gebildeter Mann, als Stadtrat die Requisizion der Mittags-
lebensmittel für jene mit besorgen mußte; dann wurde er
auch zum Kommandeur von Bonin auf den Ringplatz befolen,
der ihm den strengen Auftrag erteilte, binnen einer Stunde
15.000 fl. als Kriegkontribuzion von Trautenau herbeizuschaffen, ansonst er als Geisel mit andern weggefürt werden
würde. — Inzwischen wurde das Haus, in welches 2 österr.
Shrapnells eingeschlagen hatten, die unter dem Dach im
Boden krepirten, von Patrouillen vom Keller bis zum Dache
hinauf wiederholt durchsucht, weil von da herab geschossen
worden sein sollte; die Soldaten fanden bei der Durch-
suchung des 2. Stockwerkes den k. k. Adjunkten Scheps
in seiner alltäglichen Staatsbeamten-Uniform und sahen eine
schönere am Kleiderrechen hängen; flugs erkannte man in
ihm den gesuchten „Landrat“, unseren politischen Bezirks-
Chef (der richtige war aber einer oberbehördlichen Weisung
gemäß bereits 3 Meilen fern am rechten Ufer der Elbe in
Böhmisch-(Ober-)Prausnitz in Sicherheit); Herr Adjunkt
Scheps begriff die Gefar seiner Lage und rief deshalb, um
Schutz zu finden, nach seinem Hausherrn. Herr Czerny sen.

rwänt, momentan nicht anwesend, deshalb
jun. gerufen hinauf zu dem Proskribirten,
ce der wanbetörten Soldateska „wer der
lie Folgeantwort: „Herr Scheps ist ein
mter", wurde er von ihr one weiters als
drat" deklarirt und so wie er war und
s mitgenommen; aber auch dem jungen
weil er auf die Preußen geschoßen haben
a, sofort mitzugehen. Sie wurden auf den
wohin auch bald der Schützenhauptmann
alte Polizeimann Gutsch und der Schlosser
ad sämmtliche mit Stricken zusammenge-
Um den biederen alten Scheps und den
en Czerny aus dieser entsetzlichen Lage
aben sich bald darnach die kränkliche
es ersteren und die tiefalterirte Mutter des
Ringplatz zum kommandirenden Offizier
nnt), und baten ihn kniefällig um Frei-
undenen Angehörigen. — Kniefällig, sage
chon erwürdigen Frauen um Gnade für
zenen, die ja nie selbst mit einer ungeladenen
elt hätten. — Doch der Offizier sah mit
auf sie herab und von den rohen Soldaten
ausgelacht. „Nein," hieß es, „gehen sie
eine Stumpfheit der Geister und welch
z der Gemüter! Wo kann das noch vor-
iege von Barbaresken, im schwarzen Welt-
r die armen Bürger für den Krieg auch
Berlin-Wien-Römischer Schutzvertrag sti-
allen europäischen Staaten angenommen
Beitritt verweigern wollte, müßte von allen
itigt werden.

ingefürten, ungenannten Gefangenen waren,
kunft zu entnemen, keine Trautenauer und
iheit hier zum Teil eine bloß zufällige, auf
er in die nächsten Gassen an demselben
nun freilich strafbare Neugierde getrieben.
ich one Wal, man griff ins Blaue hinein
nächsten.

An den gebunden auf dem Ringplatz, nicht weit vom „weißen Roß", stehenden Gefangenen, die gegen 1 Ur fast vollzälig beisammen waren, trabte rasch die preuß. Artillerie, die Kanonenwagen sechsspännig bespannt, vorüber hinauf, der Boden zitterte, die Herzen der armen Trautenauer preßte es zusammen. — Nach 1 Ur wurde ihnen kommandirt, nach Wolta (östlich) natürlich unter starker Bewachung abzugehen. An dem Dorfe bei der Straße mußten sie lagern bis gegen 8 Ur abends; da kam gegen 5 Ur ein preußischer Stabsoffizier an dieses von Soldaten und einzelnen Offizieren, da bereits auch eine Anzal österr. gefangener Soldaten zu bewachen waren, umstandene Lager herangesprengt und sprach weit vernembar: „Ich kann nicht begreifen, daß wir die Schlacht verloren haben sollen, wir haben doch so viele Gefangene und diese „Hunde" — auf die gebundenen Zivilisten zeigend — auch." — Später, nach 7 Ur, als das preußische Armeekorps — besiegt von der Brigade Knebel, die todmüde und dezimirt war und jenes in geringer Zal nur bis gegen Parschnitz verfolgte — nach Liebau floh, da mußten die 19 Gebundenen in einer Tour im Trab mit bis Königshan (an der Grenze) laufen, wo sie dann im Freien biwakirten. Den weiteren schauderhaften Verlauf ihres Transportes kann man in Dr. Roth's Schrift lesen.

Am 30. Juni nachmittags 5 Uhr kamen die Gefangenen, von Jauer aus farend, über Liegnitz, Kolfurt und Hansdorf mit der Eisenban noch lebendig in Glogau an. „Als wir die Stazion Hansdorf passirten, schreibt Dr. Roth, begegneten wir dem Könige von Preußen, der, wie man sagte, mit dem Grafen Bismarck und dem Kriegsminister nach Reichenberg zur Armee fur. Dieser Umstand war für uns im höchsten Grade bedauerlich; denn daß hier dem Könige alle die Erfindungen über Trautenau und unsere Person als Tatsachen gemeldet wurden, schien außer Zweifel zu sein. Der preußische Kriegsminister soll von der Stazion Hansdorf aus die Art unserer Behandlung dem Festungskommandanten in Glogau vorgezeichnet und der König soll sich die Judikatur über uns unmittelbar vorbehalten haben und äußerst erzürnt gewesen sein." Das Verhalten der sie in Glogau erwartenden Zivilbevölkerung war schon ein ruhigeres, anständigeres.

Hier wurden sie vorerst ins Militärgefängnis gesteckt, und am 2. Juli nachmittags unter Militäreskorte in das mit dem Kreisgerichte in Glogau in Verbindung stehende Inquisizions- und Gefangenhaus gebracht. War schon beim Empfange am 30. der dasige Platzmajor siedesackgrob gegen sie gewesen, so empfing sie der Herr Kreisgerichtsdirektor v. W. noch bösartiger, gröber. „Mit diesem Gesindel hätte man,“ schnauzte er über sie hinweg, „kurzen Prozeß machen und Alle aufhängen sollen.“ (Wie seiner Zeit der tapfere Haynau wol·mit den 14 Generälen. — Unglaublich aber wahr! —) So sprach ein Mann des Gesetzes, der doch von tiefer humanistischer Bildung geklärt, geläutert sein soll. — O Jammer!

Dr. Roth kam in Einzelhaft an Hand und Fuß mit einer an 3 Kilo schweren Kette gefesselt, die anderen Mitgefangenen wurden paarweise in eine Zelle gebracht, wovon der eine am Fuß- und mit dem andern am Handgelenk verkettet wurde. Dieser eiserne Leidens-Quasi-Ehebund war für manches Paar von ihnen durch die langen Wochen fisisch vielleicht doch noch lästiger als eine eheliche Verbindung eines Pantoffelheldens mit einer Xantippe, oder die eines Wüterichs mit einer personifizirten Frauensanftmut sein mag. Sie haben das Geschick auch überstanden und später das Elend bisweilen belächelt, aber nie hätten sie verzeihend es vergessen.

Die Stadtrepräsentanz konnte Schritte für ihre Befreiung erst Mitte Juli tun. Als ersten Versuch hiezu kann ich nachstehendes Gesuch vom 15. Juli an das kön. preuß. Militärgericht in Glogau bezeichnen:

Die Stadtrepräsentanz und Bürgerschaft von Trautenau erfärt nichts über das Schicksal der unglücklichen Gefangenen dort. Eine trostlose Situazion für uns!

Wir erklären mit bestem Wissen und Gewissen, daß die Zeitungsnachrichten und Soldatenaussagen vom 27. Juni unbegründet, erdichtet sind und bitten wir inständigst, unsere Mitbürger frei zu lassen. Wir, ja die ganze Stadtbewonerschaft, stehen mit unserer Ere, mit unserem Leben und Vermögen für die Unschuld derselben ein.

Trautenauer Stadtrepräsentanz.

Josef Haase. Dr. Pauer. Klement. Dobiaschowsky. Gutsch.

72

Es hatte keinerlei Wirkung. Einen Schimmer von
Hoffnung, es könnte das Schicksal der Gefangenen doch
wol bald eine Besserung erfaren, brachte uns das Erscheinen des vom Könige hiehergeschickt gewesenen preuß.
General-Lieutenants von Troschke, welcher befolen war,
die Lazarete zu inspiziren. Er verweilte am 15. Juli hier.
Ein gemütlicher, leutseliger Herr, dem wir die Angelegenheit klarstellten und der sich wolwollend darüber aussprach,
versprach denn auch, vermittelnd für die Gefangenen einwirken zu wollen. — Keine Wirkung aber. — Nun wollten
wir es mit einer Deputazion nach dort versuchen, wozu wir
eine größere Versammlung mit folgender Einladung ver-
anstalteten:

Um über das Schicksal unserer gefangenen Mitbürger nicht länger
im Unklaren zu sein und um zur Erleichterung ihres traurigen Loses
nach Möglichkeit beizutragen, wird die Absendung einer Deputazion
an den Ort der Gefangenschaft und beziehungsweise an die kompetente
k. Behörde beantragt.

Ich ersuche demnach die nachbenannten Herren Bürger zu der
diesbezüglichen Beratung in der Kanzlei der gefertigten Stadtrepräsentanz Nr.-C. 132 am Ringplatze am 25. Juli 1866, um 3 Ur nachmittags, persönlich erscheinen zu wollen.

Trautenau, den 24. Juli 1866.

Josef Haase.

Gelesen:

St. Kopper, V. J. Czerny, Joh. Etrich, Jos. Etrich, Dr. Franke,
F. Konwalinka, Aug. Breuer, Christoph, Franz Kluge, Franz Richter,
Clemens Walzel, Carl Müller, Jos. Breuer, Franz Pohl, Hugo Schubert,
Jos. Gaber, Stefan Meier, Franz Falzmann, Ferd. Werner.

Die Versammlung und Besprechung ergab kein Resultat, es felte den Meisten der Mut zu einer Reise nach
Glogau und dann erfuren wir auch, daß eine Deputazion
Trautenauer dort nicht angenommen wird. — Nun so
könnte, so wird vielleicht eine Petizion an den König selbst
helfen. Wir sandten nachstehende ab:

Allergnädigster Herr und König von
Preußen!

Wieder wagen es erfurchtsvoll die devotest gefertigten Stadtrepräsentanten und Gemeindegenossen von Trautenau bittend vor dem
erhabenen Tron Euer kön. Majestät zu erscheinen.

Außer den großen, schwer heimsuchenden Drangsalen des Krieges.
welche insonders auch Trautenau mit seiner Umgebung betroffen, haben
wir auch noch das Unglück zu beklagen, daß Bürger und Gemeinde-

angehörige von Trautenau und der Umgebung, deren Leben und Ere
niemals eine öffentliche Kränkung erfuren, am 27. Juni l. J. gefangen
von hier weggefürt und in die Festung Glogau gebracht, dort dem
kön. preuß. Militärgericht überwiesen und in Haft genommen wurden.
Die gerichtl. Untersuchung wird und kann nur herausstellen, daß
die Anklagen gegen jene schuldlosen, unglücklichen Gefangenen auf
Mißverständnissen und Übereilungen beruhen.

Die traurigen Erfarungen, welche die Armen in den schlesischen
Städten, welche sie passirten, machten und ihre lange, strenge Inhaftirung
sind schon fürchterliche Strafen für sie, one daß der Beweis einer
Verschuldung derselben hergestellt wäre. Aber auch ihre Familien
hier sind dadurch in eine trostlose Lage so lange versetzt; den Kummer,
den Schmerz, welche Eltern, Geschwister, Verwandte über das ungewisse
Los der Gefangenen immer mer empfinden, die Tränen, welche über
diesen Freiheitsverlust der lieben Angehörigen von jenen vergossen,
wollen wir nicht weiter schildern.

Geruhen denn Eure kön. Majestät in allerhöchst Ihrer allbekannten
Herzensgüte und als glorreicher Sieger gnädigst zu befelen, daß die
militärgerichtliche Untersuchung hier in Trautenau fortgefürt werde
und daß hiezu die Gefangenen aus Trautenau und Umgebung hieher
zurückkommen sollen, darum bitten wir Eure kön. Majestät inständigst.

Wenn Eure Majestät noch geruhen wollten zu befelen, daß die
löbl. kön. preuß. Stadtkommandantur hier, dann die edlen Johanniterritter,
der kön. Kammerherr Baron v. Senden und Herr v. Buggenhagen,
und die edelsinnige Frau Obrist Baronin v. Münchhausen Bericht
erstatten mögen, ob die Stadt Trautenau und deren Bürgerschaft der
von uns erfurchtsvoll erbetenen kön. Gnade würdig seien, dann würden
wir gewiß warme Fürbitter an ihnen für die ersente und erflehte Erfüllung
unserer Bitte gewinnen.

Immer dankbar werden wir dann sein und zu Gott um Segen
für Eure Majestät beten.

Eurer kön. Majestät alleruntertänigste Diener

(Folgen viele Unterschriften).

Trautenau, 8. August 1866.

Kein Bescheid, kein Erfolg sofort!

Nun unternamen wir einen letzten Schritt, wir wandten
uns bittend an den Tron unseres allergnädigsten Monarchen.
Das Bittgesuch lautet:

Eure kais. kön. apostolische Majestät!

Im vollen Vertrauen auf die angestammte Herzensgüte und
Gerechtigkeitsliebe Eurer k. k. Majestät wagen es die devotest gefertigte
Stadtrepräsentanz und Gemeindegenossen von Trautenau, ihre ererbie-
tigsten Bitten um die allerhöchste Intervenzion am hochmächtigsten
Orte und um baldigste Abhilfe des so lang andauernden Elendes ihrer
unschuldigen und ganz loialen Haltung wegen in feindlicher Gefangen-
schaft schmachtenden Mitbürger — ihres Bürgermeisters obenan — am
Fuße des allerhöchsten Trones niederzulegen.

Neben den unbeschreiblichen Drangsalen, welche die Stadt Trautenau und Umgebung bei den jüngsten Kriegsereignissen getroffen haben, erleiden die trautenauer Bürger eine noch empfindlichere Ungerechtigkeit, welche über deren Bürgermeister, merere Bürger und Gemeindeangehörige von Seiten preußischer Militärs verfügt wurde, welche über die Unglücklichen und deren Familien unendlichen Jammer brachte und der von denselben bis heute nicht gewichen ist, und welche sogar einige Wochen lang die Stadt selbst dem Schimpfe der Welt preisgab.

Der Bürgermeister der Stadt und Landtagsabgeordnete Jur. Dr. R o t h, merere Bürger und Gemeindeangehörige, unter denselben auch der bejarte k. k. Bezirksadjunkt Herr Johann S c h e p s, Männer, deren Leben und Ere niemals öffentlich angetastet worden, sind am 27. Juni l. J. vom Feinde unter der Beschuldigung, daß gegen das kön. preuß. Militär heimtückische Feindseligkeiten (ein Verrat!) in der Stadt vorbereitet und ausgefürt worden sein sollen, gefangen genommen und in die Festung Glogau abgefürt worden.

Die brutalen Schmähungen und körperlichen Mißhandlungen, welche die Unglücklichen in schlesischen Städten, die sie gebunden gehend passiren mußten, erlitten haben und ihre lange, strenge, noch andauernde Inhaftirung sind ein martervolles, niemals zu sünendes Verhängniß für diese schuldlos verunglückten Opfer preußischen Kriegsgebrauches. Bis jetzt sind dieselben dort one Schutz, one Hoffnung auf Befreiung — Trostlosigkeit herrscht darüber; deren Familien hier können nur Tränen vergießen und ihre Kinder rufen vergebens nach ihren Vätern. Und die materielle Existenz der um ihre Ernärer jammernden Familien sinkt immer tiefer.

Die gerichtliche Untersuchung würde die volle Schuldlosigkeit der Bedauernswürdigen erweisen und ihre Anhänglichkeit und Treue für Kaiser und Reich wird sie in hellem Lichte nachweisen. — Aber alles Bestreben, alle Bitten, um deren trauriges Schicksal und das schwere Leid ihrer Angehörigen durch Fürung der gerichtl. Untersuchung in Trautenau einigermaßen zu lindern oder die Untersuchung dort zu beschleunigen, waren über der Grenze drüben bisher erfolglos. Acht lange Wochen dauern diese Qualen, diese Peinigung bereits; so lange weinen um jene schon ihre Frauen und Kinder.

Zu Füßen des allerhöchsten Trones legen wir daher, die ererbietigst Gefertigten, in kindlichem Vertrauen zu Euer k. k. apostolischen Majestät die demütigste Bitte:

Geruhen Eure Majestät in allerhöchst deren landesfürstlichen Fürsorge für das Wol der treuen Staatsbürger dem so schweren Schicksale jener unglücklichen, in Feindeshänden gefangenen Trautenauer und der um sie trauernden Familien durch gnädigste Einflußname auf deren baldigste Entlassung, da sie ja unschuldig in Gefangenschaft leiden, ein uns alle beglückendes Ende zu machen.

In tiefster Erfurcht Eurer k. k. Majestät
treueste und gehorsamste Stadtrepräsentanz
(Die Unterschriften).

Trautenau, am 21. August 1866.

Auch von dieser allerhöchsten Stelle konnte ein Einfluß auf den König von Preußen in der Angelegenheit nicht genommen werden.

Gegen Ende Juli hatten sich der große Historiker, Hofrat Prof. Dr. v. Höfler und der allvererte politische Parteichef der Deutschböhmen, Advokat Jur.-Dr. Schmeykal in Prag persönlich an den damaligen, beim Könige von Preußen beliebten Kardinal Fürst-Erzbischof von Schwarzenberg gewendet und gebeten, beim Könige von Preußen bittlich fürsprechend für die trautenauer Gefangenen zu interveniren. Se. Eminenz hat es getan, hat auch auf sein diesbezügliches Bittschreiben an den König eine Antwort erhalten, jedoch nicht von ihm selbst, sondern von einem seiner General-Adjutanten, welche kül und herb genug gelautet haben soll. — Auch diese fürstliche Intervenzion hatte in keiner Hinsicht einen Erfolg, nicht den geringsten.

Man kann fast mit Sicherheit annemen, daß Se. Maj. der König von Preußen an den ihm fälschlich geschilderten und später bei ihm aus Scham nicht widerrufenen „Verrat" von Trautenau gegen sein erstes Armeekorps bis an sein seliges Lebensende geglaubt hat; ich glaubte deshalb, eine mir in Baden-Baden leicht gemachte Vorstellung bei Sr. Maj. dem Kaiser Wilhelm I. Ende September 1888 lieber vermeiden zu sollen. Bekanntlich werden auch Kaiser und Könige bisweilen übel berichtet. Wie fatal wirkt dann das!

Zum Schlusse dieses Abschnitts muß ich hier noch zwei Berichte mit anerkennenswerten Anschauungen über Trautenau aufnemen, weil sie erlich Zeugniß geben von besserer Erkenntniß und edlerer Gesinnung. Den ersten brachte ein berliner Blatt, den zweiten die „Neue Freie Presse". Ersteren republizirte die prager „Bohemia" vom 17. August wie folgt:

(Ein Wort für die Trautenauer.) Bekanntlich wirft man den Trautenauern vor, daß sie die einrückenden preußischen Truppen mit siedendem Wasser und Öl begossen haben u. dgl. m. Zur Entkräftung dieses Vorwurfes schreibt nun ein preußischer Berichterstatter der „Neuen preußischen Kreuzzeitung" aus Trautenau vom 11. d.: „Gehen Sie durch die Straßen der Stadt und fragen Sie die wochenlang hier segensreich wirkenden Johanniter-Ritter, Offiziere und Ärzte nach den Stellen, wo das siedende Wasser und Öl herabgegossen und andere

Schandtaten an unsern Kameraden verübt worden sind — man wird Ihnen sagen, daß auch dem suchenden Auge bis jetzt keinerlei Spuren der bekannten Scheußlichkeiten bemerkbar geworden sind, ja, daß auch von den länger hier weilenden Preußen Niemand diese Untaten für wahrscheinlich hält. Damit soll nicht gesagt sein, daß es nicht auch hier einen Pöbel gibt, der nur durch Furcht in Ordnung gehalten werden kann, um so mer, als in den hiesigen Garn· spinnereien nahe an tausend Arbeiter und Arbeiterinnen beschäftigt werden. Es wäre aber ein Unrecht, davon einen Rückschluß auf die Bürgerschaft der hiesigen Stadt zu machen, deren Haltung vielmehr von bewärtester Seite als zu keinerlei Klage Veranlassung gebend bezeichnet wird. Möchte diese Versicherung dazu beitragen, dem Namen Trautenau einen weniger Schrecken erregenden Klang in der Außenwelt zu geben." — Mit Freuden zitiren wir dieses Zeugniß aus preußischer Feder und hoffen von ihm und andern änlichen Zeugnissen einen günstigen Einfluß auf das Los der unglücklichen trautenauer Bürger, die nun schon seit sieben Wochen im Gefängniß schmachten.

Der Bericht in der „Neuen Freien Presse" vom 12. Oktober 1866 hat folgenden Wortlaut:

„(Zur Erenrettung der Trautenauer.) Ein Wiener, der sich gegen Ende des vorigen Monats in Preußisch - Schlesien aufhielt, um seinen dort in Kriegsgefangenschaft befindlichen und schwer verwundeten Son zu pflegen, erzält, mit dem Anerbieten, seine Mitteilung durch Zeugen zu erweisen, Folgendes: Wärend seines Aufenthaltes in Landeshut wonte er an der Gasthaustafel einem Gespräche bei, welches von den Honorazioren der Stadt gefürt wurde und sich um die Behandlung der Trautenauer Gefangenen in Landeshut und Liebau drehte, die von den Meisten als unwürdig verdammt wurde. Da einige Wenige behaupteten, es sei den Leuten recht geschehen, nam der Kreisfisikus, ein alter Mann, das Wort und sagte· seines Wissens wäre allerdings ein einziger schwer verbrühter preußischer Soldat nach Landeshut transportirt worden und in seine Behandlung gekommen. Dies mag der Urheber der Märchen von dem siedenden Ol und Wasser, das die Trautenauer (?) den Preußen aus den Fenstern auf die Köpfe geschüttet haben sollen, gewesen sein; aber damit verhielt es sich folgendermaßen: Nachdem der Soldat vierzen Tage lang bei der Behauptung, die er gleich anfangs, warscheinlich aus Furcht vor Strafe, gemacht hatte, geblieben war, nämlich daß ihm aus einem Fenster heißes Wasser auf den Kopf geschüttet worden sei, gestand er endlich auf Zureden des Arzte, daß er in der Küche eines trautenauer (?) Hauses ein Mädchen getroffen und ihm so lange trotz seines Sträubens mit handgreiflichen Liebkosungen zugesetzt habe, bis dieses, um sich seiner zu erweren, ein Gefäß mit einer siedenden Flüssigkeit vom Herde genommen und über ihn ausgegossen habe."

Ich bin auch im Besitze mererer Briefe mit gleichartigem Inhalt wie in voraustehenden Berichten von eren-

werten Männern und Frauen aus Preußen, doch will ich sie
jetzt unveröffentlicht lassen, da ich auch den Raum für
dieses Kapitel in dem Werkchen nicht erweitern zu sollen
vermeine.

VI. Abschnitt.

(Eine chirurgische Streitschrift von Dumreicher — von Langenbeck.
Trautenau's Chefarzt Prof. Volkmann. Verwundetenstand. Ärztewechsel.
Konflikt wegen Barackenbau. Kommandanturbefele. Kritik österr. Ärzte.
Prof. Volkmanns Abgang. Evakuirungen. Spitäler. Uebername durch
österr. Ärzte. Aktenstücke. Militärmusik.)

„Zur Lazaretfrage. Erwiderung von Prof. von
Dumreicher an Prof. von Langenbeck" (Beilage zur
„Allgem. med. Zeitung". Wien 1867), so betitelt sich eine
scharf polemische, chirurgische Schrift von Prof. v. Dumreicher an der wiener Hochschule gegen seinen berümten
berliner Kollegen; ersterer hatte nach Beendigung des
Krieges von der Regierung in Wien den Auftrag erhalten,
„die in den Festungen Königgrätz und Josefstadt und in
den feindlichen Lazareten befindlichen k. k. österreichischen
Verwundeten zu besuchen, die sanitätsbehördlichen Maßregeln einzuleiten und dießbezüglich entsprechende Anträge
zu stellen, zugleich aber den ärmsten Bewonern im Bereich
des Kriegsschauplatzes Hilfe zu bringen.
Der schneidig gefürte Streit zwischen dem Herrn
Geheimrate von Langenbeck, welchem von Anfang des
Krieges von der preußischen Regierung die ärztliche Ober-
direkzion der Feldlazarete zugewiesen war, entspann sich
in Folge eines in der k. k. Gesellschaft der Ärzte vom
Regierungsrate v. Dumreicher am 30. November gehaltenen
Vortrags über den Zustand der Verwundeten-Spitäler in der
Umgebung des Schlachtfeldes von Königgrätz (dortgegends
weilte sohin auch zu der Zeit öfters in Hořic der berliner
Professor), welchen Zustand Prof. v. Dumreicher aber erst
am 9. August 1866 in Augenschein nemen konnte; die
Übername der Lazarete durch österr. Militärärzte begann
erst am 25. August. — Nur eine Stelle aus dem v. Längen-

beck'schen gegen v. Dumreicher geschriebenen und in der „Nordd. Allgem. Ztg." v. 5. und 6. März 1867 veröffentlichten Artikel als Antwort auf den in der „Wiener Allgem. Militär Zeitung" 1866, Nr. 49, 50 publizirten Vortrag von Dumreicher, worin diesem von Langenbeck „maßlose Angriffe auf die preuß. Lazaretpflege" vorgeworfen worden, will ich hier wiedergeben, um daraus die pikante charakteristische Schärfe in der Kontroverse der beiden Herren Professoren etwas faßbar zu machen. v. Langenbeck schreibt: „Der Vortrag (Dumreicher's) selbst, der sich der genialen Kürze eines chirurgischen Touristen befleißigt und nur drei großgedruckte Quartseiten der „Wiener militärärztl. Ztg." einnimmt, bildet ein so buntes Durcheinander von administrativen Bestrebungen und ärztlichen Warnemungen, daß eine geordnete Analise desselben kaum möglich ist". — v. Dumreicher replizirte darauf: „Ein Mann in reifen Jaren (v. Langenbeck) sollte sich sagen, daß er aus kleinen Bruchstücken eines Vortrages nicht berechtigt sei, jene (die zitirte) Erklärung zu schreiben, und gewiße verschiedenartige Referate in wiener Fachblättern über jenen Vortrag waren ein Umstand, welcher allein schon Herrn v. Langenbeck hätte darauf aufmerksam machen können, daß er mit einer zurückhaltenderen Kritik ebenso einer Forderung des Anstandes als der Klugheit nachgekommen wäre".

Lassen wir nun die beiden sich frisch bekämpfenden hochansenlichen Herren Professoren ihren Streit über Lazaret-Einrichtungen und Verwundetenpflege, der im Jenseits nun bereits ausgekämpft ist, ruhen und wieder Umschau halten in den Lazareten zu Trautenau. Da muß ich leider auf einen andern Kampf mit unserem neuen Lazareten-Chefarzte zu sprechen kommen, in den der Schreiber dieses wegen ser ernster Meinungsverschiedenheiten und verschiedener Machtstellung des einen und des andern, u. zw. mit dem uns ca. 10. Juli zugesandten Chirurgen Dr. Volkmann aus Halle a. d. S. verwickelt wurde. Dieser war ein junger, höchst operazionslustiger, wie man zu sagen pflegt, erst neugebackener Professor, seine größte Passion war amputiren und reseziren (Gelenksknochenstücke abtragen); insbesondere in dieser schwierigen Kunst wollte er sich in unseren Lazareten ausbilden und diese Knochenheilmetode vervoll-

kommnen lernen. Auch die Vorteile des Barackensistems
für Verwundete und Kranke wollte er hier ausprobiren.
Das alles wußte ich im Vorhinein nicht von ihm. Er fürte
sich übrigens bei uns in recht netter, ungezwungener Weise
ein; ich wies ihm eine schöne Wonung bei Kluge an und sorgte
auch für eine möglichst beste Verpflegung für ihn. Aber
schon nach Ablauf von 14 Tagen standen wir in lodernder
Feindschaft und haben uns hier auch nicht mehr versönt,
erst in Halle a. d. S. i. J. 1887, wo ich es wagte, seine
Klinik zu besuchen. Prof. Volkmann war einstweilen ein
weltberümter Chirurg geworden, seine Passion für Resekzionen
hat er jedoch in den letzten 10 Jahren seiner großen
chirurgischen Tätigkeit tief niedergedrückt und seinen
Operazionszöglingen leichtfertiges Reseziren ser widerraten.
Mit meinem Landsmanne, Geheimrat Prof. Dr. V. C z e r n y
in Heidelberg (Sohn des † trautenauer Apotekers) kollegial
befreundet, sprach er (Prof. Volkmann) einmal bei einem
Chirurgen-Kongreß in Berlin des breiteren über seinen 1866er
Aufenthalt in Trautenau; mein Freund Czerny konnte mir
bald darauf die Unterhaltung mündlich mitteilen und so
wurde das Veranlassung, daß ich gern meinen großen Gegner
noch einmal wieder zu sehen und zu sprechen in Absicht
nam. Es geschah das Ende September oder anfangs Oktober
j. J. ser befriedigend; er kam mir nämlich in gemütlichster
Weise entgegen. Ich erzäle das nur deshalb, um zu zeigen,
daß man sich als geistvoller Mann und deutscher Charakter
doch unter allen Umständen einen gewissen Grad von Selbst-
beherrschung und Rücksichtsname angewönen soll und auf-
erlegen muß, um später nicht mit vielem Bedauern eine
unedle Übereilung beklagen zu müssen. — Geheimrat Prof.
Volkmann hat mir eine charmante Wiederbegegnung bereitet — er zält leider auch schon seit zwei Jahren zu den
Hingeschiedenen und deshalb werde ich weiter unten, wo
ich auf unsern Bruch zurückkommen muß, nicht so scharf
und streng kritisch über die Veranlassung desselben schreiben.
    Zuvor einige Daten über die Unterbringung unserer
vielen — an zwei Tagen mal, am 29. und 30. Juni, wol
über die 2000 — Verwundeten. In jenen schrecklichen
Kampftagen gab es in Trautenau in der inneren Stadt wol
nicht ein Haus, wo nicht mindestens ein Verwundeter lag,

in vielen 4—6, in das Apoteker Czerny'sche und in das
große Alois Haase'sche Haus am Ringplatze wurden die
ersten gebracht, am 28. und 29. Juni brachte man sie in
alle Häuser, unter viele Lauben, in die Schule, in das Rathaus, in's Spital, in die Kirche u. a. Lokale. — Der Verwundetenstand am 4. Juli wurde verzeichnet wienach:

in Faltis Fabrik und in dem nahen Porak'schen
Hause lagen................... 108 Verwundete,
in den beiden Haase'schen Häusern 54   "
im städtischen Krankenhause .. 21   "
in der Kirche.................... 82   "
daneben in der Schule 96   "
im Rathause 40   "
im Hause Nr. 8 (jetzt Gablenzstraße) .. 22   "
im „Blauen Stern" (jetzt Stark'sches Hotel) 8   "
im „weißen Roß" (dam. A. Stark, Pächter) 6   "
                             329.

Die ärztliche Behandlung der Verwundeten
hatten bekanntlich wir städtischen Ärzte, außer mir noch
Dr. Franke, Dr. Sturm und Dr. Ettelt, schon am 27. Juni
abends übernommen (Dr. Ettelt war dann vom 30. Juni
an privatim genötigt, sich auf einige Tage von hier zu entfernen). Am 29. Juni und die folgenden Tage traten auch
schon einige preußische Militär- und freiwillig herangekom-
mene Zivilärzte mit in unsere berufliche Wirksamkeit; am
4. Juli kam leider in unsere ärztliche Dienstesorganisazion
eine arge Störung, indem einige preuß. Militärärzte one
Verzug vormittags in die Lazarete in und bei Königinhof
abgehen mußten, am 5. Juli früh Morgens mußten sogar
sämmtliche hier schon stehende preuß. Militärärzte mit ihren
Lazareten der Hauptarmee nachrücken u. zw. zunächst nach
Königinhof, Chlum, Hořič. An demselben Tage (5.) kamen
wieder dagegen von dorther viele Verwundete hier an,
welche zum Teile da blieben, zum Teile mit den gefangenen
österr. Soldaten über Adersbach nach Pr.-Friedland (3 Meilen
weit) transportirt wurden, wovon noch merere im Feldlazaret (in Walzel's Fabrik zu Parschnitz) abgegeben wurden.
Man muß einen solchen Leidenszug, aus 15—25 Leiterwagen
bestehend, darauf liegend auf Stroh die Verwundeten, ge-

ehen und diese — doch nicht alle — ärztlich untersucht und, so
veit es möglich war, deren Wunden gereinigt und wieder
erbunden, und den Armen einen Schluck Wein, ein Stück
Brod mit Speck und einige Zigarren gereicht haben und
man wird es erschauen und herzzerreißend empfinden, wie
riel himmelschreiendes Elend ein Krieg verursacht. — Weß-
alb? — wozu? Ist das christliche Kultur? —

Es kam nun Prof. Volkmann. — Er verlangte alsbald
on der Stadtrepräsentanz die Herstellung eines besonderen
Leichenhauses — malum omen — und verschiedene chirurgische Utensilien.

Mitte Juli (vom 14.—18.) erklärt sich Dechant Chri-
toph bereit, die Verbindlichkeit einzugehen, den größeren
Teil der in der Kirche liegenden Verwundeten „nach Instruk-
tion" in Verpflegung zu nemen; zur Zeit befanden sich daselbst
6 bis 50 Mann mit 8 barmherzigen Schwestern, wofür ihm
äglich 29 bis 25 Pfund Fleisch und 80 bis 50 Pfund Brod
geliefert wurden; eine zweite Abteilung auch noch in der
Kirche mit 27—18 Mann hatte in jenen Tagen (vom 14. Juli)
Frau Anna Duchoslav zur Verpflegung übernommen; im
Schulgebäude verpflichteten sich dazu die Frauen Anna
Pohl, Anna Menzel und Antonie Güttler, welche darin einen
äglich etwas wechselnden Stand von zirka 150 Verwundeten
zu verpflegen hatten und Dr. Ettelt übernam in der Faltis-
chen Fabrik und im Porak'schen Hause gegen die damals
pro Mann normirte Zulieferung von Fleisch, Brod, Salz,
Butter, Gewürze u. a. m. die Verwundeten daselbst mit
inem täglichen Bestand von zirka 185 Mann; in vielen
Häusern der inneren Stadt und einigen in den Vorstädten
erpflegten, wie früher schon bemerkt, die Hausbesitzer oder
lie Inwoner 1, 2 bis 4 und 6 Verwundete und es behagte
liesen der familiäre Aufenthalt da und diese Pflege allen
echt gut, sie waren ser zufrieden damit. —

Am 16. Juli erfreuten wir uns des Besuches des be-
ümten und leutseligen Prof. der Chirurgie aus Breslau,
Dr. Middeldorpf, der seine ärztliche Dirigenten-Stazion
n Königinhof hatte; er kam von dort herüber zur Inspi-
zirung der Lazarete und zur Nachschau hier, ob nicht welche
Verwundete von dort noch nach hier evakuirt werden könnten.
Am 17. Juli kamen auch wieder merere junge Militärärzte

aus Preußen für hier bestimmt an. Ich machte an dem Tage nachmittags mit einem preuß. Dragonerlieut. (v. R.) einen Besuch bei Herrn Klem. Walzel und seinem Lazarete; in diesem beschwerten sich ser stark die da liegenden preußischen und österr. Offiziere über das Benemen und die ärztliche Tätigkeit der da übelherrschenden preußischen Ärzte. — Seine Verwundeten und Gäste bewirtete Herr Kl. Walzel heute abends zum 1. Male nach dem 27. Juni mit wieder angelangtem pilsner Bier und Jauer'scher Wurst. War das ein Festabend!

Am 17. Juli fur nun ein greller Blitz in den Wirkungskreis der bereits in ruhigerer Gemütsstimmung, mit einer schon gewonten Ordnungsmäßigkeit fungirenden Stadtrepräsentanz, es warf die ärztliche Direkzion des Prof. Volkmann bereits ihre Schatten in die um die Zeit in Trautenau sich schon etwas ausgeheiterte Situazion. Zu bemerken wäre hier noch, daß nach Volkmann's Bestimmungen uns städtischen Doktoren die ärztliche Behandlung und Obsorge um alle preuß. Verwundeten und um viele österr. Schwerverwundete entzogen wurde. Die österr. verwundeten Offiziere und auch Unteroffiziere hatten aber die ärztliche Behandlung seitens preuß. Ärzte vorneweg entschieden abgelent. —

Und der unheimliche Blitz war nachfolgendes Schriftstück:

„Die Stadtrepräsentanz erhält hiemit den gemessenen Befel, binnen 48 Stunden eine genaue Liste aller in Privathäusern befindlichen Verwundeten und Kranken aufstellen und hieher einreichen zu lassen.

Es ist aufzunemen: Die in jedem Hause befindliche Zal der Kranken, die Hausnummer und der Name der Straße.

Nicht aufzunemen sind die größeren Lazarete: Fabriksgebäude (Faltis), Poraksches Wonhaus (sogenanntes schweres Lazaret), Kirche, Realschule, Rathaus, Haasesches Haus."

An die Stadtrepräsentanz der Stadt Trautenau, den 17. Juli 1866. Die Kommandantur

Wapnitz.

Wir ahnten, was kommen wird.

Am 18. Juli wurde über Auftrag Volkmanns das Postgebäude (unten an der Aupabrücke) als Lazarethaus adaptirt und aus der Kirche die Verwundeten dahinein evakuirt, ferner wurden an 20 Verwundete ins Lazaretschloß zu Wildschütz geschickt. Von unseren in Trautenau an Zal noch an 600 starben am 18. d. M. 11 Mann, darunter 3 Preußen.

Nach dem blitzartigen Schriftstück vom 17. kamen rasch die schweren Gewitter-Tintenwolken heran, sie waren in der Tat für Viele unheilschwanger; man erkennt diese Wolken aus dem nachstehenden Bescheide:

„Um endlich die vielen vereinzelt oder zu kleinen Trupps in Privathäusern in der Stadt zerstreuten Kranken zu evakuiren, wird hiemit die Stadtrepräsentanz beauftragt, auf der neben der Posthalterei belegenen Wiese baldmöglichst 3 Holzbaracken nach der von uns zu gebenden Anweisung aufschlagen zu lassen.

Trautenau, 18. Juli 1866.

Die Kommandantur

Wapnitz.

Der Dirigent der Kriegslazarete zu Trautenau.

Professor **Dr. Volkmann** m. p.

Mit dem B a r a c k e n b a u waren wir nicht einverstanden i c h besonders nicht wegen der eitlen großen Geldkosten, welche deren Bau verursachen mußte, 2. wegen ihrer offenbaren Überflüßigkeit, 3. wegen ihrer schlechten (niedrigen, in der Talsole gelegenen) Situirung und 4. wegen des unschönen, regnerischen Witterungscharakters des Sommers, welcher sich erfarungsgemäß in den meisten Jahren dann gleich bleibt. Ich sprach mich denn allseitig g e g e n den erhaltenen Bauauftrag aus, selbstredend pflog ich auch darüber eine Unterredung mit Prof. Volkmann, welche erklärlicher Weise bald heftiger wurde. „Was verstehen Sie von der Nützlichkeit des Barackensistems", warf er mir schließlich vor; ich erwiderte: „Ich kenne hier wieder die Lage der Dinge einem solchen schwierigen Projekte gegenüber besser als Sie, ich kann dieses der Stadtgemeinde und den Verwundeten gegenüber nicht befürworten'). „Die Baracken müßen aber in kürzester Zeit fertig hergestellt sein, ich will es, wir wollen sehen, wer hier zu befelen hat." Ich sagte noch: „wir werden sehen', und ging mit Unmut und einem herben Urteile über eine solche schroffe Begegnung von ihm fort. Ich

spreche dieses mein Urteil hier nicht mer aus, wie ich auch
verschiedene andere böse Geschehnisse und Tatsachen, welche
in den Baracken dann vorkamen, nicht weiter erzäle, nachdem die Zeit mir ja volles Recht und große Genugtuung
gegeben hat. Aber den vielen Armen ist Unrecht geschehen.
Nun meinen Kollegen im Gemeindeamte empfal ich trotzdem
die Ausfürung des Barackenbaues keineswegs, konnte ich
doch meine Ansicht darüber gründlich und überzeugend
motiviren; man stimmte mir sogar seitens der Kommandantur
und der Johanniter unter uns zu und zuckte wegen Volkmann
mit den Achseln.

Es geschah denn unsererseits nichts behufs Beginn des
fragwürdigen Barakenbaues.

Am 21. kam darob eine strenge Urgens von Volkmann.
Am 22. Juli ging ich zum Major Wapnitz und ersuchte ihn,
mir ein Attest über meine bisherige Haltung gegenüber der
Kommandantur zu geben: er schrieb es sogleich u. zw. wie folgt:

„Herrn Med. Dr. B. Pauer bezeuge ich hiermit, daß
er in seiner Eigenschaft als Mitglied der Repräsentanz der
Stadt Trautenau mir nur in der loialsten Weise bekannt
ist und daß ich keinen Grund habe, Ausstellungen gegen
seine Handlungsweise zu erheben."

Trautenau, 22. Juli 1866.   Kommandantur
                                  Wapnitz.

Endlich am 24. Juli ging Volkmanns letzter Zorn-
blitz nieder, er lautete:

.Kommandantur-Befel.

Herr Dr. B. Pauer scheidet mit dem heutigen Tage
aus der Stadtrepräsentanz aus und tritt an seiner Stelle der
Med. Dr. Ettelt ad latus des Herrn Haase in dieselbe ein.

Trautenau, 24. Juli 1866.   Die Kommandantur
                                  Wapnitz.

So ward ich nun gegangen. — Darüber expektorirte
ich mich selbstredend da und dort, so auch bei unserem Früh-
schoppen in Dobiaschowskys Weinstube in Gegenwart der
Landweroffiziere, ich tat es in grader offener Rede. Nachmittags besuchte ich Frau Dr. Roth und die verw. Frau
Uffo Horn, welche sich zufällig bei ersterer Frau im ersten

Stockwerk befand. Die beiden Frauen sagten mir ser besorgt, der Hauptmann N (der auch im Hause wonte) habe ihnen mitgeteilt, daß mich Dr. Volkmann, falls ich mit einem Worte noch seinen Auftrag hintertreiben wollte, nach Glogau nachschicken werde; Freund Haase und andere Wolmeinende sagten mir das auch und baten mich, lieber zu „fliehen". — Nun, ich war ja mißmutig geworden und fisisch von den großen Anstrengungen und Affekten der letzten 4 Wochen ziemlich müde und matt, so nam ich denn am 25. Juli morgens einen Wagen und floh(!) nach Johannisbad. Lange litt es mich indeß nicht da; begierig, was in Trautenau weiter geschieht, wie es da geht und steht fur ich schon am nächsten Tage nachmittags dahin zurück, ich wollte ja auch meine Verwundeten wiedersehen. Dr. Ettelt hatte unweigerlich den Auftrag der Barackenherstellung angenommen, den Beginn derselben angeordnet. So entstanden auf der Flur bei dem alten Postgebäude die Aupa entlang hinauf drei wahre Jammerschupfen für ser viele Verwundete. Hier konnte dann fleißig amputirt und resezirt werden. Häufige Regenschauer, Winde, küle Nächte und Morgen haben mit solchen Drangsalen viel Leiden und Schmerzen den armen Soldaten darin gebracht. Ich schweige darüber!

Ich hatte voraussehend ja leider zu recht gehabt mit meiner Opposizion gegen diesen Barackenbau, namentlich auf dem Platze; um das nachzuweisen, muß ich doch einige Belege dafür erbringen, ich kann sie aus der Streitschrift Dumreichers gegen Langenbeck herausheben; es sind darin viele, allerdings fatale Zeugnisse für Volkmanns Wirken.

1. Das Postgebäude war im Allgemeinen zu überfüllt, die Reinlichkeit in den Krankenzimmern, Betten, Bettwäsche, Verbänden, Gängen, Aborten und im Hofraume ließ ser viel zu wünschen übrig, und die ser schlechten Folgen der Unreinlichkeit zeigten sich in dem Auftreten von Piämie und Brand, so zwar, daß das Gebäude innerhalb der ersten drei Tage vollkommen geräumt wurde, um darin eine gründliche Desinfekzion vornemen zu können.

Trautenau, 10. September 1866. **Dr. Rock,**
k. k. Regimentsarzt.

2. Wenn gleich in Bezug auf Reinlichkeit und Rein-
haltung der von den Preußen übernommenen Lokalitäten H.
Nr. 73. und 64 wenig genug geschehen war, wenn insbesondere die Aborte in einem abscheulichen Zustande sich
befanden, so fand sich doch nicht jene Masse von Schmutz,
wie anderwärts, und ist dieses wol der Tätigkeit der Schwestern
in jenen Häusern zuzuschreiben. Die Betten der Kranken
waren, insbesondere die Unterlagen, in einem schmutzigen
Zustande. Die Kranken waren in den genannten Häusern
ziemlich gut genärt, besser in Nr. 73. Dieselben waren
jedoch ser ungenügend gereinigt. Nicht nur war die Umgebung fast aller Wunden mit eingetrockneten Wund-
sekreten, Heftpflaster etc. beschmutzt, sondern
am ganzen Körper fand sich meist noch Staub
und Schmutz, der von den Märschen herdatirte.
Trautenau, 11. September 1866.

Dr. Johann Pichler.

3. Der Zustand des Hospitals (die Schule) war ein
wenig befriedigender. Die Zimmer starrten vom Unrate,
sie waren vollgepfropft mit Schulbänken und anderen un-
nützen, leicht wegzuschaffenden Geräten, welche nicht nur
den onehin ser spärlichen Raum noch mer beengten, sondern
auch der Ansammlung von gebrauchten Verbandstücken,
Abfällen etc eine willkommene Stätte darboten. Der Zimmer-
boden trug eine dicke Schmutzschichte. Die Retiraden
waren auch stark verwarlost; der sich alldort entwickelnde
Ammoniakgeruch auch für einen Gesunden kaum zu ertragen.
Längs der ganzen Außenseite der rechten
Seitenmauer des Schulgebäudes waren Haufen
verfaulender Charpie angesammelt; ein Zeichen,
daß man die verbrauchten Verbandstücke ganz
einfach dadurch zu entfernen pflegte, daß man
dieselben zum Fenster hinauswarf. Die Kranken
selbst lagen teils one jeden Verband, teils in Gyps- und
Schienenverbänden, die durch ihren warlich sehenswürdigen
Schmutz von ihrem wol spärlichen Wechsel lautes Zeugniß
abgaben.
Trautenau, 11. September 1866.

Dr. Mosetig.

4. „Alle Kranken waren höchst unrein und vernachläßigt gehalten, ihr Leib wochenlang nicht gewaschen,
ihre Leib- und Bettwäsche wochenlang nicht gewechselt,
voll Eiter-, Charpie- und Exkrementenresten. Die Strohsäcke
und Matrazzen waren teilweise verfault. Die Zimmer
waren monatelang ungewaschen, alle Utensilien unrein. Die
Aborte waren besonders vernachläßigt. Keine Spur von
Desinfekzionsversuchen. Überall lag der Unrat um-
her — alte Verbandstücke, Charpie, ja sogar
nekrotische Knochen. —

Um das Spital, den Keller (Lazarethaus nächst der
chem. Schießstätte) und die Baracke Nr. 1 lagen ganze
Haufen solcher Abfälle, so daß eine zwei Klafter lange,
4 Schuh breite, 1 Klafter tiefe Grube damit ausgefüllt wurde.
Solche Einflüsse und ihr Resultat bedürfen keines weiteren
Kommentars.“

Trautenau, 12. September 1866.
Dr. Mundy,
k. k. Regimentsarzt.

Und v. Dumreicher schreibt selbst: „Zur Zeit, als ich die
Lazarete sah, war noch kein Verwundeter, an dem die
Resekzion des Kniegelenkes geübt worden war, geheilt und
als ich die Lazarete übernam, waren diese noch lebenden
Resezirten dem Tode nahe und starben bald darauf. Von
den österreichischen Verwundeten überlebte keiner
diese Operazion. Waren dieselben unter den obwalten-
den Verhältnissen angezeigt? Konnte man die Hoffnung
eines Erfolges von diesen Resekzionen unter den gegebenen
Verhältnissen haben, da die Verwundeten durch die voraus-
gegangenen Mühsale und Hunger in der ersten Zeit nach
der Verletzung ser herabgekommen, moralisch gedrückt
waren, und durch die Anhäufung von vielen Verwundeten
die Luft verdorben war, der ·Operateur endlich weder die
Bürgschaft hatte, daß er seine Operirten bis zur Sicher-
stellung des Erfolges so aufmerksam besorgen könne, als
es zum Erfolge notwendig ist, noch, daß sein Nachfolger
ein Fachmann sein werde, der die Kenntnisse und den
guten Willen besitzt, welche zur Erzielung der Heilung
unumgänglich erfordert werden.“ —

Mit diesen, die preuß. Leitung der Lazarete und dieser
Baracken schwer belastenden Schriftstücken schließe ich
und erhebe selbst keine Rekriminazion mer in meiner Streit-
sache mit Prof. Volkmann. Man sah es ihm übrigens in
der 2. Augusthälfte schon an, daß er sich selbst in den
Baracken nicht recht befriedigt und heimlich fülte, nach
der Begegnung mit Prof. v. Dumreicher am 16. August war
denn überhaupt das hohe starke Autoritätsbewußtsein des
trautenauer preuß. Lazaretenchefs erheblich abgeschwächt.
Am 4. September verließ er one Dank, one daß sein Abgang von Jemanden bedauert worden wäre, Trautenau, nachdem er am 3. noch einen Ausflug nach Adersbach unternommen hatte. Eine bittere Pille hätte ihm vor dieser
Lustpartie der Stadtvorstand bald noch zu schlucken gegeben, die jedoch Dumreicher zu verabreichen verhinderte, zu
welcher Einmischung übrigens dieser nicht die Pflicht und
auch nicht das Recht hatte.

Am 26. August fanden sich schon österreichische
Ärzte zur Übername der Lazarete hier ein, es wurden
auch an dem Tage 175 Rekonvaleszenten von da über
Königinhof nach Prag weggeschickt. — Am 27. August
beherbergte Trautenau noch............. 375 Verwundete
  Parschnitz (b. Walzel)............... 70   „
  und das Schloß Wildschütz......... 128   „
             573 , „ .

Verstorben sind in Trautenau bis 24. August... 153 Mann
 „   „   „ Parschnitz „ „   „   24 „
 „   „   „ Wildschütz „ „   „   3 „
                180 „ .

Am 27. Aug. wurde das Schloßlazaret Wildschütz
evakuirt und die Verwundeten von da in der 3. Baracke
in Trautenau, welche am 11. August erst ein regendichtes
(mit Pappe eingedecktes), Dach erhalten hatte, untergebracht.
— Am 31. August wurde auch das Parschnitzer
Fabrikslazaret hieher evakuirt. Am 2. September wurde
endlich die Übername unserer Militärspitäler protokollarisch
von Prof. Dumreicher und dem Prager Medizinalrat Dr. Škoda
mit Prof. Volkmann vollzogen.

Am 10. August schon erhielt die preuß. Stadtkommandantur hier nachstehendes Schreiben: „In Folge einer Disharmonie ärztlicher Ansichten zwischen dem Lazareten-Dirigenten aus Preußen hier, Herrn Prof. D r. V o l k m a n n, und dem städtischen Arzte und Stadtvorstand-Stellvertreter Herrn Dr. Pauer und wegen gewisser Anordnungen seitens des ersteren und des Widerspruchs von Dr. Pauer gegen diese, wurde dieser durch Kommandanturbefel aus der Stadtrepräsentanz ausgeschieden.

Der Gegenstand jener sich widersprechender fachmännischer Ansichten ist seitdem hierorts eine ausgetragene Angelegenheit. —

Deßhalb und weil der enthobene Vorstand-Stellvertreter eine so intelligent und energisch arbeitende Kraft ist, wovon sich die löbl. Kommandantur im dienstlichen Verker mit Herrn Dr. Pauer wol selbst überzeugt haben dürfte, und der ergebenst Gefertigte eine solche nicht länger entberen kann und deren namentlich bei der Abwicklung der in der Kriegsepoche gefürten Geschäfte und bei der Übergabe derselben an die k. k. Behörden und an die frühere Stadtvertretung dringend benötigen wird, bittet ergebenst der gefertigte Stadtvorstand, eine löbl. k. pr. Kommandantur wolle geneigtest verfügen, daß Herr Dr. Ettelt von seiner provisorischen Dienstleistung in der Stadtrepräsentanz enthoben und Herr Dr. Pauer als Vorstand-Stellvertreter wieder eingesetzt werde.

Trautenau, 10. August 1866.   **Josef Haase.**

Herr Haase verständigte mich von dieser Eingabe und teilte mir die zustimmende Antwort der Kommandantur mit, welche jedoch die Ausfertigung eines dießbezüglichen schriftlichen Aktes, insolange Prof. Volkmann hier in Wirksamkeit sei, für nicht tunlich erklärte. — Ein erenwertes, hierauf bezughabendes Schriftstück kam mir später zu, es lautet: Euer Wolgeboren!

„In Folge des Friedensschlußes und des Abmarsches der preuß. Besatzung aus Trautenau steht die Stadtgemeinde und deren Repräsentanz nicht mer unter dem Einfluße einer preuß. Kommandantur.

In Anbetracht dessen, daß Eu. Wolgeb. zur Stadtrepräsentanz berufen wurden, daß Sie ferner in den schwie-
rigsten Wochen dieser Kriegsepoche sich dem Dienste der
Stadt in anerkennungswürdigster Weise widmeten und
schließlich in Anbetracht, daß wir die Teilung der Verantwortlichkeit mit Euer Wolgeboren rücksichtlich unserer
Maßnamen als Vorstand der Stadtrepräsentanz ser wünschen,
ersuchen wir Sie, gleich uns jenen Kommandanturbefel vom
24. Juli l. J. ganz zu ignoriren und Ihren Platz als Vorstand-Stellvertreter in der Stadtrepräsentanz von Trautenau
one Säumnis wieder voll einzunemen."

Stadtrepräs. Trautenau, den 1. September 1866.

Herrn Med. Dr. Bernhard Pauer   **Jos. Haase.**
    in Trautenau.   **O. Klement.**

Es gab im August schon manche fröhlichere Tage.
Die preußische Jägermusikkapelle spielte unter andern auch
am 16. Aug. abends bei den Baracken, am 20. beim Schul-
lazaret. — Dem nahen J o h a n n i s b a d waren an 10 österr.
Offiziere in Rekonvaleszens überwiesen worden, das Kurörtchen wurde in Folge dessen und auch schon durch Kurgäste und stärkeren Besuch von preuß. Militär aus Trautenau
und vom Zivile der Umgebung alle Tage lebhafter. Die
schwerste Kriegsleidenszeit war eben abgelaufen.

VII. Abschnitt.

(Militärische Proklamazionen. Miszellen aus der Kriegszeit. G.-F.-M.
Wrangel. Zum Postverker. Landwer-Abschied. Die Kriegsstrafjustiz.
Zuschriften. An den Dechant. Feuerwergründung. Doktoren-Protokoll.
Vom Bezirksamtmann. Juli- und Augustnotizen. Kaisers Geburtstagfeier.
Prinz Friedrich Karl. von Bugenhagen †. Baron von Sendens Abschieds-
brief. Verschiedene Schreiben. An die Bewoner von Trautenau.)

Ein denkwürdiger Aufruf, den ich in der Schrift
nicht missen möchte, ist jener, welchen man kurz nach der
Ankunft des Kronprinzen von Preußen in Braunau
am 26. Juni mittags verteilte, er lautet:

„Bewoner des Königreiches Böhmen! Nachdem Se.
Majestät der König, mein allergnädigster Herr, die Erklärung des Kriegszustandes zwischen der Krone Preußens
und der Sr. Majestät des Kaisers von Österreich ausgesprochen haben, bin ich heute über die Gränze Eueres
Landes mit meinen Truppen geschritten.

Wir kommen nicht als Euere Feinde, die Euch ver-
nichten wollen, sondern folgen dem Befele unsres Kriegs-
herrn, der uns gegen Eueren Kaiser und dessen Heer zu
Felde ziehen läßt. Der Schutz Eueres Eigentums
bleibt gesichert und soll Euch keine Unbill
widerfaren, so lange Ihr Euch den zur Ernärung
meiner Truppen notwendigen Requisizionen nicht widersetzt
und keine feindlichen Handlungen unternemt.“
Hauptquartier Braunau, 26. Juni 1866.

Der Oberbefelshaber der 2. Armee

Friedrich Wilhelm, Kronprinz von Preußen.

Und der zweite — nach den Kampftagen von
Trautenau: —

Bekanntmachung.

„Nachdem zwischen Preußen und Österreich der
Krieg ausgebrochen, und das unter meinen Befel gestellte
1. Preuß. Armee-Korps in Böhmen eingerückt ist, mache
ich hiedurch im Namen Seiner Königl. Majestät von Preußen bekannt, daß fortan alle Personen, welche auf dem

Kriegsschauplatze gegen unsere Truppen verräterische oder feindselige Handlungen verüben, den preußischen Kriegsgesetzen verfallen sind, und nach Kriegsgebrauch behandelt werden sollen. Insbesondere wird derjenige Landesbewoner, der außerhalb seines Berufes mit den Waffen in der Hand und in feindseliger Haltung betroffen wird, sofort erschossen; dasjenige Haus oder Gehöft, aus welchem von solchen Landesbewonern auf diesseitige Truppen geschossen ist, wird der Plünderung Preis gegeben und dann zerstört, Spione werden gehangen.

Dagegen kann jeder friedliche Bewoner seinen Geschäften ruhig nachgehen und sich des Schutzes seiner Person und seines Eigentums versichert halten. Die zum Unterhalt der Truppen erforderlichen Lebensmittel und sonstigen Bedürfnisse werde ich zunächst unter Zuziehung der Ortsbehörden von den Gemeinden einziehen lassen, und erhalten die Gemeinden über die gemachten Lieferungen schriftliche von mindestens einem Offizier unterzeichnete Anerkenntnisse. Sollten die Gemeinde-Vorstände ihre Mitwirkung versagen, so werden sämmtliche Armee-Bedürfnisse durch die Truppen allein eingezogen werden."

Hauptquartier Böhm. Ober-Prausnitz, am 2. Juli 1866.

Der kommandirende General des Ersten Preuß. Armee-Korps.

v. Bonin.

Wie grundverschieden ist der Wortlaut und Inhalt dieser beiden Proklamazionen!

Ich glaube hier gleich auch eine dritte, in unseren geschäftlichen Verkehr einschneidende Verfügung folgen lassen zu sollen.

„Zur allgemeinen Kenntniß.

Im Königreich Böhmen ist ein preußischer Taler gleich 1 fl. 92 kr.

Prag, den 11. August 1866.

Königlich Preußisches
General-Gouvernement für das Königreich Böhmen
gez. **von Falkenstein"**.

Anfangs Juli wurden für die Mitglieder der Gemeinde-Repräsentanz von der preuß. Stadtkommandantur „Deklarazionskarten" ausgestellt nachstch. Inhalts: „N. N. ist Mitglied der Gemeinde-Repräsentanz von Trautenau auf Kriegsdauer; es ist derselbe in seinen ämtlichen Funkzionen für Verpflegung der kön. preuß. Militärs und in seiner polizeilichen Tätigkeit von Jedermann bereitwilligst zu unterstützen.

Kön. preuß. Militär-Kommando

Wapnitz."

Auch „Legitimazionskarten" erhielten die Trautenauer von Mitte Juli an, wovon die letzte, die 456., Stefan Nowotny erhielt; sie lauteten: „Legitimazions-Karte für Herrn N. N. giltig nach 10 Ur abends." **Wapnitz**

Major und Kommandant.

Diese Verordnung war so übel nicht, sie könnte für so manche Nachtbummler und Kneiper bei strenger Überwachung heute noch als eine heilsame, Zeit und Geld und mer als das, konservirende Einfürung gepriesen werden. In Trautenau war anfangs der Okkupazionszeit der Aufenthalt in Schänkzimmern schon nach 9 Ur gar nicht geheuer, Patrouillen namen eine Viertelstunde darüber schon recht übel und eine halb ernste, halb spaßige Szene eines Abends in der 11. Nachtstunde in einem Gasthause hier, welche ein überspannter, Umschau haltender Landwerlieutenant herbeifürte, endete durch 1 solche Karte für ihn kläglich.

Am 4. Juli nachmittags 1 Ur hatten wir die Ere, den General-Feldmarschall, Grafen v. Wrangel hier auf zweitägigem Besuch zu sehen; er kam mit zwei Mann Bedienung, eigentlich nur als „Freiwilliger im ostpreuß. Küraßier-Regiment", also mer zum Vergnügen nach Böhmen herein. „Papa" Wrangel besah sich auch den Kriegsschauplatz, war gegen Jedermann ungemein freundlich, zutraulich, gegen Damen sogar ser zärtlich. Ich hatte ihm bei Hrn. Kluge (Ringplatz) rückwärts im 2. Stockwerk eine schöne Wonung eingeräumt, hatte für ihn auch einige Flaschen vorzüglichen steiermärkischen Weines aus dem geheimen Keller des alten Schießstättwirtes Riegel requirirt und auf seinen Wunsch „Hünchen" zum Speisen besorgt. Als ich ihn am nächsten Morgen besuchte und ihn nun fragte, ob ihm unser Wein wol

94

geschmeckt habe, antwortete er mir die Wangen streichelnd:
„Ach Dockteurchen, jar nicht, Sie wissen schon, ich darf
wegen 'n alten Blasenleidens jar kenn trinken, aber meine
Leute mögen ihn schon." — Entsetzlich! diese Bummler
tranken nun den herrlichen Wein, den ich so notwendig für
die Verwundeten benötigt hätte, den ich mir i n d e r Zeit
selbst nicht gönnte; diese Erfarung versäuerte mir die
Liebenswürdigkeiten des alten „Vater Wrangel" noch durch
volle 24 Stunden, dann zog er weiter.

Am 4. Juli abends kamen hier auch 1500 Gefangene
(Österreicher) von allen Waffengattungen, meist jedoch
Infanteristen an; sie wurden in den Ober-Scheuern unter
gebracht; in der Nacht vom 5. zum 6. trafen noch merere
Tausend Gefangene von Königgräz ein, bei ihnen befanden
sich auch an 50 Offiziere; diese erzälten uns Trostloses über
den Stand der österr. Nordarmee.

In diesen Julitagen erging auch der Kommandantur-
Befel an die Stadt- und Landbevölkerung zwei Meilen weit
im Umkreise, alle Waffen sicher abzuliefern und in den
Magazinen des Rathauses zu deponiren. Feinere, solche von
Privaten, sollten hier sicher aufbewart bleiben. Es fanden
darob in verschiedenen Ortschaften auch Hausdurchsuchungen
statt, aber die Leute, z. B. in Alt-Rognitz, Staudenz u. a.
O. hatten preuß. und österr. Gewere, Säbel, Bajonette,
Pistolen, und viel and. m. so gut versteckt, daß die durch-
suchenden Landwermänner, die vielleicht auch gar nicht
allzu interessirt dabei vorgingen, nichts entdeckten, nichts
finden konnten. Abgegeben war jedoch schon eine ganze
Masse worden. Im August wurden die militärischen Waffen
teils nach Waldenburg, teils nach Glogau forttransportirt,
dabei wanderte leider auch so manches schöne, feinere Jagd-
gewer mit und Hr. Graf Franz Deym, Herrschaftsbesitzer
zu Neuschloß bei Arnau, hatte dadurch, wie wir in Kenntnis
kamen, den Verlust einiger solcher zu beklagen.

Wiederherstellung des Postenverkers.

Von der k. k. Post-Expedizion A r n a u erhielt der
Stadtvorstand am 19. Juli, gefert. von F. Rauch, nachstehende Zuschrift:

„Die gefertigte k. k. Postexpedizion beert sich anzuzeigen, daß hieramts die sämmtlichen seit 25. Juni l. J. für Trautenau fälligen Briefpostpakete erliegen. Da wie die Gefertigte in Erfarung gebracht hat, in dortorts keine Postbeamten dermal fungiren, so stellt man die Anfrage, was mit obgenannten Briefpostsendungen veranlaßt werden soll. Im Falle es im Wunsche der löbl. Stadtgemeinde wäre, diese Sendungen nach Trautenau zu befördern, so ist der Posthalter Kanka zu beauftragen, einen geschlossenen Wagen nach Arnau zur Fortschaffung der Postsendungen zu schicken. Da vom 17./6. an wieder regelmäßige Farten nach Prag und Reichenberg bestehen, so bietet sich der Gefertigte an, seinen Postexpeditor Johann Fiedler nach Trautenau zur Skontrirung der ankommenden Posten, wie auch zur Übername von ordinären Briefsendungen zu überschicken. Die Besorgung der täglichen Botenfarten käme dann jedenfalls dem Posthalter Herrn Kanka zu.“

Begreiflicherweise ungemein erfreut, wieder eine Postverbindung aufnemen zu können, sandte der Stadtvorstand sofort den Posthalter nach Arnau um die dort erliegenden Briefpostpakete und erstattete dann der Kommandantur von dieser Postlinie-Eröffnung die pflichtmäßige Anzeige. Darauf kam nachstehender Bescheid.

„Bis zum Eintreffen der telegrafisch nachgesuchten Ermächtigung hat der kaiserliche Postverker zwischen hier und Arnau aufzuhören.“

Trautenau, 20. Juli 1866.   Kommandantur
                                          Wapnitz.

Ein kurzer schöner Wan! Und die Ermächtigung kam nicht, sondern telegrafisch langte am 24. Juli aus Breslau ein Verbot ein, welches lautete:

Stadtrepräsentanz zu Trautenau.

„Es wird in Bezug auf den Postverker auf die heute veröffentlichte Bekanntmachung des General-Gouvernements verwiesen“. (i. est.: nicht gestattet).

                              v. Lattre,
                    Hauptmann im Generalstabe.

Die Postroute Trautenau-Königinhof durften wir jedoch am 21. Juli eröffnen, was aus nachstehender Zuschrift an die Postexpedizion in Königinhof hervorgeht:

„Da seit Mitte d. M. die kön. preuß. Kommandanturen den böhmischen Etapen-Straßen den Postverker wieder bewilligt haben, so sehen wir uns dadurch veranlaßt, einen solchen nunmer auch zwischen hier und Königinhof wieder herzustellen. Vorläufig dürfte täglich ein einmaliger Verker per Wagen genügen. — Wir ersuchen Sie freundlichst uns bekannt zu geben, welche Abfartszeit Ihnen als die best-gewälte erscheint und wollen Sie ferner jene böhmische Postanstalten, mit denen Sie bereits in Verker getreten sind, dienstfreundlich verständigen, daß die Postfarten auf unserer Linie wieder hergestellt sind, und daß Postsendungen von nun an direkt hieher befördert werden können."

Trautenau, 21. Juli 1866.

Für die Stadtrepräsentanz
Dr. Bhd. Pauer.

Im Hinblick auf mögliche unnütze Inkommodirungen durch preuß. Militär-Transporte, wurde dem städtischen Post-kutscher nachstehendes Zertifikat als Schutzbrief bei den Farten mitgegeben:

„Inhaber dieses N. N. ist seit 19. Juli l. J. Postillon der Post-anstalt in Trautenau. Derselbe überbringt farend die Brief-, Zeitungs- und Sachen-Pakete von hier nach Königinhof und retour, wovon das kön. preuß. Platz-Kommando Trautenau verständigt ist. Man ersucht daher die löbl. Behörden und Jedermann, ihm bei seinen Farten nicht nur keinerlei Hindernisse in den Weg zu legen, sondern ihn aus Rück-sicht für fremdes Eigentum in jeder Hinsicht zu unterstützen.

Trautenau, 21. Juli 1866.

Für die Stadtrepräsentanz:
Dr. Bhd. Pauer.

Von einer Regelmäßigkeit des Postverkers zwischen fernen Großstädten und hier war aber im Juli noch keine Rede, selbst im August finde ich noch in meinen Notizen aus jenen Tagen eine Klage daß wir am 19., 20. und 21. keine prager und keine wiener Post erhielten. — Am 26. August kam zum 1. Mal wieder die kön. preußische Post aus Landeshut hier an.

„Kommandantur-Befel".

„Die Ortsvorsteher sämmtlicher zum Bezirke Trautenau gehörigen Ortschaften und Dörfer erhalten hiedurch den Befel, sich am Montage den 23. Juli d. J. vormittags 11 Ur bei dem unterzeichneten Kommandanten unter Vermeidung nachdrücklicher Strafen persönlich einzufinden.

Ad notam. Der hiesigen Stadtrepräsentanz mit der Anweisung die Vorladung der vorbezeichneten Ortsvorsteher schleunigst zu veranlassen."

Trautenau, den 21. Juli 1866. **Wapnitz,**
Major und Kommandant.

Die Bedeutung dieses Befels wurde uns schon am folgenden Tage klargestellt. Er lautet:

„An die hiesige Stadtrepräsentanz.

Das Bataillon Löwenberg rückt Morgen von hier aus.

Die Verpflegung der Verwundeten und Truppen hat auch fernerhin mit derselben Pünktlichkeit zu erfolgen.

Höherem Befele gemäß darf eine kaiserliche Postverbindung oder eine andere als die königlich preußische Feldpost hier nicht eingerichtet werden.

Da die hiesige königliche Kommandantur sich zu der auf Morgen Vormittag 11 Ur anberaumten Versammlung der Ortsvorsteher nicht mer hier befinden wird, so hat im Auftrage des Kommandanten die hiesige Stadtrepräsentanz den Ortsvorstehern zuvörderst die pünktliche Lieferung der notwendigen Lebensbedürfnisse anzubefelen, ferner dieselben zu verpflichten, die im Bereiche ihrer Gemeinden etwa noch befindlichen Waffen sammeln und hierher an den Fürer des Militär-Kommandos abliefern zu lassen, wie überhaupt sie zu ermanen, innerhalb ihrer Gemeinden für ein durchaus gesetzmäßiges Benemen der Bewoner zu sorgen.

Desgleichen sind die Ortsvorsteher zu beleren, daß wenn auch das diesseitige Bataillon die Stadt Trautenau verläßt, sie dennoch in unmittelbarer Nähe von preußischen Truppen umgeben sind, welche jede Gesetzwidrigkeit auf das Ernsteste bestrafen würden."

Trautenau, 22. Juli 1866. **Wapnitz,**
Major und Kommandant.

7

Am nächsten Tage rückten zwei Kompagnien des
V. Görlitzer-Jäger-Bataillons unter dem Kommando des
Herrn Obersten von Weller, des Hauptmann von Klit-
zing und anderer charmanter Herren Offiziere als neue Besatzung ein. Die Mannschaft derselben bestand zumeist
nur aus jungen Forstadjunkten und Förstern, schöne ge-
bildete Männer. — Insofern traten sie zu dem abgegangenen
Landwerbataillon, das meist nur verheiratete, aber gemütliche, verträgliche und unsern Bürgern gern arbeitsbehilfliche
Leute zälte, in einen gewissen äußeren und psichischen
Gegensatz; wir halten diese auch noch in freundlicher
Erinnerung. — Die königlichen Jäger brachten auch eine
vortreffliche Musikkapelle mit hierher.

Zur Strafrechtspflege.

Diese ist im Kriege bekanntlich eine ser einfache,
schnell fertige, keineswegs von Rechtsskrupeln oder Rechts-
ideen beeinflußte. Auch bei uns war es nicht anders. —
Dem Schreiber dieses war vom Kommandanten auch die
Justizpflege gegen die Malefikanten übertragen worden mit
der Direktive: „Doktor, nur mit dem Gesindel keinen langen
Prozeß machen, nicht unnütz füttern, sondern ausfragen, und
gestehen sie, ists recht, werden sie durch einen Zeugen
oder einen Umstand überwiesen, dann ists auch recht; dann
die Spitzbuben nur auf die Bank legen und ihnen 15, 20,
30 Hiebe je nach Verschadung aufzälen lassen.“ — Eine
fatale Sache ist das, dachte ich mir dabei und waltete
nun nolens volens auch meines neuen Amtes; es waren fast
immer nur Diebe oder Diebstalsverdächtige, welche von
den preußischen Soldaten aus der Umgebung, auch von
Dorfinsassen hereingebracht und in unserem Arresthause,
der sogenannten Fronfeste, abgeliefert wurden. Es war
schon eine empfindliche Strafe, daß sie darin eingesperrt,
aufgehoben wurden; die Lage dieser Arrestlokale ist zwar
keine üble, ja eine recht gesunde, aber die Verpflegung
drin war in der Zeit eine recht schlechte, oft unter aller
Kritik. — Ja mit Spitzbuben hatte damals niemand Mitleid,
dazu hat man nur Zeit und Stimmung in gemütlichen
Friedensverhältnissen. Aber selbst in solchen hörte ich
warhaft humane Juristen, welche (auch ich im Reichsrate,

— 1868 war es wol), für Abschaffung der Prügelstrafe gestimmt hatten, unter Umständen, außer dem hohen Hause
a u s r u f e n: „Den Kerl sollte man auf die Bank legen
und hauen lassen!" —

Die Anzeigen von Vergehen oder Verbrechen liefen
auf Zetteln in nachstehender Form geschrieben ein, wie z. B.

> „Der Wirtshauspächter W. aus P. ist eben der Wache (die Haupt-
> wache war beim Rathaus) übergeben worden, weil derselbe einen Wagen
> des Besitzers des Gasthofes zum „blauen Stern" fortgefürt, um sich den-
> selben anzueignen.
> Ich bitte ganz gehorsamst um Befel, denselben festsetzen zu lassen.
> T r a u t e n a u, 10. Juli 1866. Name,
>   Offizier der Hauptwache."

der Stadt-Repräsentanz zur weiteren Verfolgung.

> Oder: „Der F. N. aus R. wird hierdurch wegen Verdacht des
> Diebstals an einem Marketenderwagen auf unbestimmte Zeit ins Arrest-
> haus abgeliefert.
> T r a u t e n a u, 13. Juli 1866.
>   Kgl. Preuß. Kommandantur:
> Ist in Zelle Nr. 3 inhaftirt.   **Wapnitz.**

Meine Aufgabe war es nun, solche Leute alsbald ins
Verhör zu nemen und ihren Ankläger, selbstverständlich auch
dann einen und den anderen Zeugen abzuhören, darauf über
die Strafbarkeit der Beschuldigten rasch schlüssig zu werden.
Die Untersuchungshaft dauerte oft nur einige Stunden, mitunter 2—4 Tage. Geringe Vergehen, Übertretungen, die
mer dem Leichtsinne als schlechter Absicht entsprungen
waren, strafte ich in Erwägung der möglichen abscheulichen
Körperstrafe, welcher so ein Verurteilter hier nun entgegen-
ging, meist nur mit mermaligem Fasten und hartem Lager
wärend 3—5 Tagen und ließ solche dann laufen; kleine
Übeltäterinnen, die mir in der peinlichen Stellung, Dank
dem Himmel nur in ganz kleiner Anzal vorgestellt wurden
und die offenbar nur bei dazu reizender Gelegenheit leicht-
fertig eine Kleinigkeit entfremdet hatten, welche im Arreste
dann Ströme von Tränen darob vergossen, wie man hier
sagt, bitterlich fort „natschten" und mir „heilige Schwüre"
vielmals schwuren, „sie werden nie mer in ihrem Leben
und wenn sie 100 Jahre alt würden, sich verleiten lassen,
etwas Fremdes und wenn es auch nur 1 Kreuzer wert wäre,
sich anzueignen", ließ ich, leicht barmherzig gestimmt, nach

7*

2—3 Stunden schlechtweg laufen. — Aber die großen Spitzbuben! Die ließ ich nicht laufen und ich würde sie auch
heute nicht so one — laufen lassen wie z. B. etwa türkische,
steuerschindende Paschas, russische, englische, deutsche,
französische Hazardspieler von Profession, alle diebischen
Bankrotteure, die menschenverderbenden Roues et tutti
quanti, und erst Wehe ihnen, wenn sie, diese malhonetten,
wie es wol blos in der Türkei noch vorkommen kann, mit
dem bekannten Bakschihs und wäre es ein sackvoll Goldes,
ihr Verbrechen damit wettmachen wollten. — Also die un-
entschuldbaren Missetäter mußte ich one Umschweife der
preußisch uniformirten Strafexekutive ausliefern. Diese
hatte die Abschreckungsteorie für ihre Strafvollstreckungen
als Grundidee und Richtschnur (im Kriege mit Österreich)
für ihr Strafverfaren angenommen. Sie ist in den meisten
Fällen, so glaube auch ich, die vernünftigere, zweckdienlichste
Auffassung des Strafprinzips, nur würde ich nicht Prügel-,
sondern Rutenhiebe appliziren lassen. — Hatte ich denn
einen Inquisiten für unanzweifelbar straffällig befunden, so
mußte ich ihn nolens volens zur Hauptwache schicken u.
zw. mit einem Blatt Papier, auf dem vermerkt war, daß er
des Diebstals geständig oder überwiesen und je nachdem
milder oder härter bestraft werden möge; eine festbestimmte
Strafbestimmung, da sie ja dermalen dort nur im Prügeln
bestand, widerstrebte mir auszusprechen. So manche des
Diebstals Beschuldigte bekam ich gar nicht zur Inquirirung,
namentlich solche nicht, die in flagranti betroffen und von den
Beschädigten oder Zeugen der Hauptwache zugefürt wurden.
Solche ließ man stante pede in der Laube neben der Hauptwache coram populo auf die vorhandene Bank legen und
mit verknoteten oder geflochtenen Stricken ihnen 10—30
Hiebe aufhauen. Oft war es schrecklich diese Strafexekuzion
anzusehen, in den ersten 14 Tagen des Juli kam sie fast täglich
an mereren zur Anwendung und auch dann noch öfters, so
habe ich z. B. vom 16. Juli noch notirt, daß einige des Diebstals Überwiesene (aus R.) mit dem preußischen Haumittel abgestraft wurden, bei manchen sah das Publikum gleichgiltig
zu, bei einem sogar mit lauter Billigung und Genugtuung.

Derselbe war ein geborener Preuße; eines Morgens, anfangs der
fünfziger Jahre, vielleicht war er in einem Dorfe bei Trautenau ange-

ĸommen und mietete da Wonung. Er fürte sich als Brunnengräber ein und in dem Beruf verstand er wirklich das Rechte und verschaffte sich darin bald einen Ruf in der Gegend. Er war aber eine höchst fragwürdige, unsympatische Erscheinung und fürte eine unheimliche Existenz; unzweifelhaft war er aus Preußen (Schlesien?) wegen eines Delikts geflohen. Bald entpuppte er sich aber auch als Wilddieb und er ward der gefürchtetsten, gefärlichsten einer. Er trug, wenn er auf den Anstand ging, eine zerlegbare Flinte bei sich unter dem Mantel und kein Reh oder Hase war vor ihm sicher; es gab ja immer Leute, welche justament ein Reh rasch brauchten und haben wollten; nun eine Bestellung bei ihm den Tag zuvor, die effektuirte er am Abende des nächsten Tages prompt; er holte sich diese Stücke aus dem Prinz Schaumbg.-Lippe'schen oder aus dem Liebauer oder irgend einem anderen entfernteren Revier. Betreff seiner Brunnen-Einrichtung sagte man ihm auch nach, daß er bisweilen aus Rache, bisweilen der Beschäftigung wegen, seine Arbeit halbschlecht machte oder in der Nacht gut funkzionirende Pumpwerke ruinirte. Er hatte mit dem k. k. Gerichte ab und zu tun, ist oft schwer verdächtig gewesen und bestraft worden. Er war — man hat ihm gewiß nicht Unrecht getan, wenn man von ihm behauptete: er sei eine gefärliche, gewissenlose Personage. Zweifelsone hatte ihm jemand Rache geschworen; er wurde nämlich bei unserer Kommandantur wegen Waffenverheimlichung angezeigt. Es fand bei ihm denn eine genau informirte Hausdurchsuchung statt und so fand man leichterdings einige Waffen unter seinem Dache. Er war der Bank, dem dicken Strick verfallen. Man brachte ihn in die Jammerlaube und ließ ihn länger und strenger denn andere Missetäter hauen. — Damit glaube ich das Strafgerichtskapitel ausfürlich genug behandelt zu haben und schließe dasselbe mit zwei wichtigeren Schriftstücken und mit einem minder solchen, doch nicht gleichgiltigen.

Nr. Exh. 186 Präs. Empf. 17. Juli.

Der Kreisgerichts-Präses schreibt an das löbl. Bürgermeisteramt in Trautenau.

Das k. k. Kreisgericht hat wärend der neuesten Kriegsereignisse nicht aufgehört, die Rechtspflege in bürgerlichen und strafgerichtlichen Angelegenheiten auszuüben, soweit es eben die gestörten Kommunikazionen zuließen.

Dem k. k. Kreisgerichts-Präsidium muß es dabei namentlich vielfache Besorgnisse erregen, daß es den Verker mit den Untersuchungsgerichten nicht fortsetzen kann und über den Zustand der Untersuchungsgefangenen keine Kenntniß erhält.

Obwol ich bis nun keineswegs ausdrücklich ermächtigt bin, darauf einzuwirken, daß die etwa ganz unterbrochene Amtswirksamkeit der Untersuchungsgerichte irgendwie hergestellt werde: so glaube ich doch meine Pflicht zu tun, wenn ich das löbl. Bürgermeisteramt um die Beantwortung folgender Fragen ersuche: in wessen Obhut und Verpflegung stehen dortstadts die Untersuchungsgefangenen?

Befindet sich dort ein k. k. richterlicher Beamter? etwa beurlaubt? und bejahendens Falls -- ist derselbe geneigt, mit mir über allenfällige Vorkerungen im Interesse des Justizdienstes in Verker zu treten?

Das löbl. Bürgermeisteramt würde das unterzeichnete Kreisgerichts-Präsidium und überhaupt durch jede weitere, den Justizdienst betreffende Mitteilung ser verpflichten.

Jičin, den 15. Juli 1866. **v. Moritz.**

Die Stadtrepräsentanz beantwortete dieses Schreiben mit nachfolgendem:

Löbliches k. k. Kreisgerichts-Präsidium zu Jičin!

In Entsprechung der vererl. Zuschrift v. 15. Juli.....
beeilt sich die ergebenst gefertigte Stadtrepräsentanz die gewünschten Auskünfte in folgendem zu erstatten:

Die Sträflinge und Untersuchungshäftlinge des hiesigen Gefangenhauses sind nach Aussage des hier gebliebenen Gefangenwärters Joh. Maresch etwa 14 Tage vor dem Ausbruche des Krieges an das Kreisgericht zu Jičin abgefürt worden, nur die K. P.... aus Trautenbach, welche in der jüngsten Zeit wegen Diebstal eingebracht war, wurde am 27. Juli l. J. aus der Haft des hiesigen Gefangenhauses entlassen.

Von den k. k. Herrn Beamten, welche das Straf- und Zivilrichteramt in Trautenau geübt haben, ist keiner hier geblieben, wohin sie sich gewendet haben, ist hierstadts nicht bekannt. — Anwesend ist jetzt nur der k. k. Bezirksamts-Adjunkt, Herr Ernst Christoph; derselbe ist auch ser bereit, im Interesse des öffentlichen Dienstes Berichte und Auskünfte, insoweit es möglich, zu erstatten. — Die Wiederaufname der in allen Geschäftszweigen gänzlich sistirten Amtsfürung ist derzeit unmöglich, weil in sämmtlichen Kanzleien und sonstigen amtlichen Localen k. Militär einquartirt ist, und weil auch die Registratur, die Grundbücher und andere Akten überall untereinandergeworfen und zum Teil zerrissen worden sind. Einige in letzter Zeit vorgefallene Diebstäle wurden durch die hier stazionirte kön. preuß. Militärbehörde abgestraft und es glaubt nun die ergebenst gefertigte Stadtrepäsentanz die Ansicht aussprechen zu können, daß durch die Unterbrechung der ordentlichen Strafgerichtsbarkeit die öffentliche Sicherheit derzeit noch nicht als gefärdet bezeichnet werden dürfe.

Stadtrepräsentanz Trautenau, den 17. Juli 1866.

Zertifikat.

Herr Josef K a m i t z, gemeinschaftlich mit Herrn Franz K a s p a r erhielten den Auftrag, in den Häusern der hiesigen Vorstädte nach österreichischem Militär zu forschen und in dieser Hinsicht die betreffenden Hausbesitzer zur Herausgabe der etwa verborgen gehaltenen österreichischen Soldaten unter der angedrohten Strafe von 25 fl. oder Arrest aufzufordern und nach Gutbefinden Hausdurchsuchungen vorzunehmen.

Es wird jedermann höflichst ersucht, die obgenannten Herren Bürger in der Durchfürung dieses Auftrages nach Möglichkeit zu unterstützen.

Stadtrepräsentanz Trautenau am 16. Juli 1866.

Jos. Haase.

„Durchgesucht den Raion Obervorstadt von Haus Nr. 1 bis 52 den 17. Juli. Niemanden vorgefunden."

|**Franz Kaspar. Josef Kamitz.**

Mit dem Morgen am 27. Juni verstummten unsere Kirchenglocken und hörte der Gottesdienst auf. Nachdem aber die Kirche auch aufgehört hatte, Lazaret zu sein und nachdem der Wunsch merseitig geäußert wurde, es möchten sowol jene wie dieser wieder reaktivirt werden, der Herr Dechant aber sich dahin ausgesprochen hatte, daß, so lange die bösen Preußen da schalten und walten würden, das Glockengeläute sowol, wie religiöse Funktionen besser unterbleiben sollen, mußten wir ihm nachstehende Weisung zukommen lassen:

Euer Hochwürden!

„Das Unglück, entstanden durch die kriegerischen Ereignisse und Verhältnisse in Trautenau und Umgebung hat es einige Zeit lang unmöglich gemacht, einen die Menschen erbauenden Gottesdienst in der früheren Ordnung hier üben zu lassen.

Infolge der k. preuß. Militärbesatzung in Trautenau und der schätzbaren Vermittelung der k. preuß. Behörde findet sich jedoch hier wieder ein Zustand größerer Ruhe und Ordnung, wodurch sich die Möglichkeit ergibt, den Gottesdienst und das Glockengeläute in einer den bestehenden Verhältnissen Rechnung tragenden Weise wieder einzufüren.

104

Sie werden demnach freundlichst aufgefordert, von Morgen den 22. d. ab früh morgens um 5 Ur, dann mittags, und abends um 7 Ur das Glockengeläute wieder geschehen, ferner um 10 Ur vormittags auch zum Hochamte läuten zu lassen und um ½11 Ur eine feierliche Messe zelebriren zu wollen.

Zu anderen gottesdienstlichen Handlungen, wie zu Begräbnissen, Hochzeiten möge auch fernerhin noch das Glockengeläute unterbleiben.

Unter Einem bitten wir Sie, Ihrer unterstehenden Geistlichkeit den Auftrag zu geben, in den Predigten jede Besprechung und Beurteilung der dermaligen politischen und kriegerischen Ereignisse und Verhältnisse strengstens zu vermeiden.

Trautenau, 21. Juli 1866.   Stadtrepräsentanz."

Am 20. Juli erhielten wir von der Kommandantur die Weisung, eine Feuerwer zu bestellen, resp. zu bilden. Nach einer Beratung dieses Gegenstandes und gepflogener Rücksprache mit den weiter unten genannten Bürgern, erließen wir folgende Bekanntmachung:

Bekanntmachung.

Um bei der durch die gegenwärtigen Ausnamsverhältnisse gesteigerten Feuersgefar das Eigentum der hiesigen Bewonerschaft in dieser Beziehung tunlichst zu schützen, wurde von der gefertigten Stadtrepräsentanz auf die Dauer dieses Ausnamszustandes Folgendes verfügt:

1. Als Spritzenmeister haben zu fungiren die Bürger: Heinrich Hollmann, Ob.-V. Nr. 3, Franz Schmidt, Stadt Nr. 16, Anton Emmerling, Ob.-V. Nr. 17 und Josef Flögel, Stadt Nr. 16.

2. Die städtischen Spritzen werden dermalen auf nachstehenden Punkten aufgestellt u. zw.: die große alte und die kleine neue Spritze am Ringplatze neben dem Rörkasten; die große neue bei der Johannisstatue in der Niedervorstadt, und die kleine alte vor der Spitelmüle. — Es wird ferner dem H. Hollmann die große alte Spritze, dem Franz Schmidt die große neue, dem Anton Emmerling die kleine alte und dem Josef Flögel die kleine neue Spritze zur unmittelbaren Aufsicht und Leitung beim Brande zugewiesen.

3. Die Feuerlöschmannschaft bilden die jüngeren Bürger der Stadt, deren Namen in dem, in der Gemeindekanzlei aufliegenden Verzeichnisse zu ersehen sind.

4. Bei Entstehen eines Feuerlärms haben die Spritzenmeister zu den ihnen zugewiesenen Spritzen zu eilen und dafür zu sorgen, daß alles vorgekert werde, damit, an der Brandstätte angelangt, sogleich gespritzt werden könne. Die Feuerwermannschaft hingegen hat sich

zur Brandstätte zu verfügen, damit über dieselbe nach Erfordernis disponirt werden könne.

5. Zur Zufur der Spritzen vom Standorte zur Brandstätte wird
bei Tag und Nacht ein Paar angeschirrte Pferde stehen. Dem Eigen-
tümer derselben liegt es ob, bei wargenommenen Feuerlärm oder über
Aufforderung sogleich den Vorspann zu leisten.

6. An der Brandstätte hat jedermann aus dem Zivilstande dem
Stadtvorstande oder dessen Stellvertreter unweigerlich Folge zu leisten.

Stadtrepräsentanz T r a u t e n a u, am 21. Juli 1886.

Josef Haase.

Dr. Bhd. Pauer.

So entstand der Anfang einer Feuerwer in Trautenau.

Die M ä r von den im tapferen Kampfe von Megären
in Trautenau v e r b r ü h t e n ostpreuß. Soldaten tauchte Ende
Juli wieder auf und ward die Veranlassung zu einer ärztlichen Untersuchung und zu nachstehendem Berichte:

Löblicher Stadtvorstand!

In Folge eines mit ziemlicher Bestimmtheit aufgetauchten Ge-
rüchtes, „daß in den Lazareten zu P a r s c h n i t z ein preußischer Soldat
an B r a n d w u n d e n, die ihm angeblich von den Einwonern Trautenaus
gelegentlich des Einmarsches am 27. Juni l. J. zugefügt worden, ärztlich behandelt werde", erhielten die gehorsamst Gefertigten den Auftrag, den waren Sachverhalt zu konstatiren.

In Befolgung dieses Auftrages begaben wir uns sofort am 25. Juli
l. J. nach Parschnitz und fragten den daselbst dirigirenden Stabsarzt,
Herrn Dr. Burghardt und seinen Assistenzarzt, Herrn Dr Simon, ob
sich unter den von ihnen behandelten Verwundeten einer mit Brandwunden in Folge einer Verbrühung befinde, — erhielten jedoch eine
e n t s c h i e d e n v e r n e i n e n d e Antwort.

Eingeladen, uns selbst davon zu überzeugen, besuchten und
fragten wir jeden einzelnen verwundeten preußischen Militär nach seinen
Verletzungen und insbesondere, ob er auch Brandwunden an sich
hätte, doch überall d i e s e l b e v e r n e i n e n d e A n t w o r t.

Da uns nun die beiden Herren Ärzte auf unsere Bitte, „diesen
waren resp. negativen Befund uns schriftlich zu bestätigen, bedeuteten,
sie können ein derartiges Zeugnis nur auf Befel ihrer kompetenten Behörde ausstellen", so stellen wir im Interesse der Bürgerschaft Trautenaus die ergebenste Bitte: Ein löblicher Stadtvorstand wolle sich im
Wege der löbl. kön. preuß. Kommandantur um dieses Zeugnis bewerben.

T r a u t e n a u, den 26. Juli 1866.

Dr. Ettelt.

Dr. Franke, Stadtarzt.

Wir haben es nicht abverlangt. Wozu noch? die Erklärung der beiden städtischen Aerzte genügte uns. Übrigens
will ich zur letzten Abfertigung dieser niederträchtigen

Verleumdung noch positiv erklären, daß diese eine, etwas bedeutend gewesene Gesichtsverbrennung eines Soldaten, welche erst später in Landeshut gesehen, resp. als verschuldet konstatirt wurde, **nicht in Trautenau,** sondern in **Königinhof** vorgefallen ist, wo der in Liebeslust gegen eine „böhmische" (czechische) Köchin, welche den Preußen nichts weniger als hold war, küne Herzensstürmer die heiße Abkülung als Palme seiner Keckheit davontrug, und die in einer Verbrühung mit heißem Wasser aus einem auf ihn ausgeschütteten Töpfchen bestand. Das hat man mir im Lazaret zu Rettendorf zirka 20. Juli erzält. Wäre das in Trautenau geschehen, ich hätte es gewiß erfaren müssen; wie hätte es denn verschwiegen bleiben können. Doch der schlaue Soldat konnte sein Malheur, indem er es pauschaliter den bösen Weibern von Trautenau in Anrechnung brachte, dadurch für seine Landsleute plausibler machen. Er wird es heute so nicht mer erzälen, der Schlingel!

Eine Zuschrift an den Stadtvorstand Jos. Haase von unserem k. k. **Bezirksamtmann** — aus **Sobotka** her (bei Jičin — Jungbunzlau,) datirt vom 31. Juli, kündigt uns seine Rückker an, Herr v. Hetzendorf schreibt:

Euer Wolgeboren!

„In Folge höherer Weisung werde ich am 4. August nach Trautenau zurückkeren, um dort die **judizielle** Amtsfürung wieder zu eröffnen, insoweit mir das kön. preuß. Militärkommando dies gestatten wird und one mich in das Administrative im Geringsten einzumischen.

Da ich aber vernommen, daß in dem Gerichtshause Militär einquartirt ist, so bitte ich Euer Wolgeboren dienstfreundlichst um die gefällige Veranlassung, womit einige entberliche Lokalitäten mir zu dem obigen Behufe im Gerichtshause übergeben würden. — Bei der Zuvorkommenheit, welche die kön. preuß. Militärkommandos gegen die k. k. Gerichtsbehörden allenthalben bewiesen haben, zweifle ich keinen Augenblick an dem günstigen Erfolg Ihrer diesfälligen Verwendung, ebensowenig als ich an Euer Wolgeboren freundliche Gesinnungen, die Sie mir durch 16 Jahren erwiesen haben, zweifle.

Ich bitte Euer Wolgeboren, den Amtsdiener Linke von meiner Ankunft zu verständigen, damit derselbe eine, wenn auch noch so beschränkte Unterkunft für mich ausmittle und bereit halte.

Empfangen die Versicherung meiner vollen Achtung, mit der ich mich zeichne Euer Wolgeboren ergebenster

Hetzendorf."

Juli- und Augustnotizen.

Es sind zum Teil Kleinigkeiten, aber sie gleichen den Vergißmeinnicht in einem großblumigen und schönblätterigen Strauße, deshalb will ich einigen noch hier Raum gewären.

Der 15. Juli war einmal ein schöner, etwas erfreulicher Sonntag, einige Tage zuvor waren schwül; in der 5. Morgenstunde kamen nämlich aus Westen starke Gewitter, welche eine heilsame Luftfrische erzeugten; und was unseren Augen so angenem erschien: es war an dem Tage endlich einmal der Ringplatz fast frei von Transportwägen; es kamen auch heute keine bedeutenden Transporte Verwundeter aus Königinhof hieher. — Am Vormittage gabs wol einen etwas heftigeren Konflikt zwischen dem Stadtkommandanten und Herrn J. Haase, den ein geschwätziges Mitglied der Requirirungssekzion (A. J.) wegen Fleischlieferung verursacht hatte, welchen jedoch Schreiber d. bald gütlich beilegen konnte. — Nachmittags erschien ziemlich viel sonntäglich geputztes Landvolk in der Stadt, das hatte es in d. Mon. bislang vermieden. — Abends kam unser Landsmann Herr Heinr. Wowes von Prag hier an, und brachte die prager Blätter vom 29. Juni bis 14. Juli; welch eine Freude darüber! welch' einen Lektürgenuß boten sie uns einige Tage lang!

Am 16. Juli vormittags machte das Durchbrennen eines gefangenen polnischen, leicht verwundeten Militärs vom 58. k. k. Inf.-Regim. (aus dem Exner'schen Hause) große Sensazion; er konnte schlecht deutsch sprechen, gab sich aber für einen k. k. Oberlieutenant aus und hatte sich als ein Baron Illicic eingetragen. Er verriet aber in seinem Tun und Lassen eine gewisse Gemeinheit, keine Spur von Noblesse und schließlich bewies er, daß er spitzbübisch uns alle (auch die Preußen) getäuscht — was eben nicht one Prellereien geschehen — und belogen hatte, er demnach ein abgefeimtes Subjekt war. Die Stadtkommandantur machte alle Anstrengungen, um den sauberen Vogel wieder zu fangen, auch die Stadtrepräsentanz mußte dergleichen veranlaßen, allein ihn sah man nicht mer wieder. Nur hatte der Fall strengere Verwundeten-Überwachung seitens der preuß. Kommandantur zur Folge. —

Am 17. Juli wurden wir durch Zufuren von allerhand Lebens- und Genußmitteln aus Hamburg und Berlin erfreut, deren Depot sich im „weißen Roß" in unserem Ressourcelokale im 1. Stockwerk befand und in der Disposizion der Johanniterritter stand. — Man sah heute (Markttag) die Landbevölkerung auch schon in einen vertraulicheren, wärmeren Verker mit der Landwer treten. Diese mußte abends einige militärische Übungen vornemen, denen das Publikum neugierig folgte und zuschaute. — Ein größeres Interesse fand nunmer seitens des Militärs und des Zivils von Trautenau und Umgebung das herrlich gelegene und mit einem erfrischenden Bassin—Termalbade begnadete Kurörtchen Johannisbad; von Tag zu Tag merte sich sein Kurgäste- wie sein Touristenbesuch. —

Am 1. August erging über Auftrag der Stadt-Kommandantur von der Stadtrepräsentanz an die Herren Gemeindeausschußmitglieder Vinz. Frenzel (Rat), Jos. Gutsch und Ig. Winkler die Weisung, die Geschäfte und Obliegenheiten der Waldsekzion für die städtischen Forste wieder zu übernemen. — An selbem Tage kam eine gleiche Weisung den Herren Dr. Jos. Franke (Stadtarzt) und Apoteker Vinz. Czerny (Rat), betreffend die Handhabung der Ortspolizei zu und wurde ihnen die Ausstellung der Legitimazionskarten überwiesen.

Am 6. August erließ die Stadtrepräsentanz „zur Hintanhaltung der hie und da ausgebrochenen epidemischen Krankheiten eine

„Bekanntmachung" an die Bewonerschaft, in welcher sie „in dieser Rücksicht für die Stadt Trautenau und deren Vorstädte, dann der zugehörigen Ortschaften Hohenbruck und Niederaltstadt zur genauen Befolgung verordnet, daß die Hausfluren, Gänge und Stiegen stets reinlich gehalten, die Aborte, Senkgruben und Kanäle ausgeräumt und der Unrat außerhalb der Stadt hinausgefürt und überhaupt alle übelriechenden, die Luft verpestenden Abfälle und Stoffe aus allen Räumen der Häuser auf das schnellste beseitigt werden. Ingleichen ist für die Erhaltung einer guten, der Gesundheit unschädlichen Luft durch Räucherung der Hauslokalitäten mit den dazu anempfolenen Stoffen und das Begießen der Aborte und Kanäle mit Auflösung von Chlorkalk und Eisenvitriol zu sorgen. Zur Überwachung dieser Maßregel besteht eine eigene Kommission und es wird jede erweisliche Nachlässigkeit der Hauseigentümer und Hausbesorger streng gestraft werden."

In der Tat gab es auch bereits auf verschiedenen Punkten in Böhmen und Mähren bösartige Epidemieanfänge, welche sich durch die Truppentransporte verschleppen mußten; so brachte man ja auch am 8. August die Leiche des an Cholera in Austerlitz verstorbenen preuß. Generals v. Mutius nach Trautenau; es übernachtete die militärische Begleitung mit ihr in der Stadt und wurde sie am nächsten Tage über Liebau nach Hohenfriedberg fortgebracht. In Friedenszeiten dürfte so was nicht erlaubt sein.

Unsere zweite Besatzung, das Görlitzer 5. Jägerbataillon hat durch seine Musikkapelle uns und den Verwundeten viel schöneres Vergnügen bereitet. — Auch einen Trompeter brachte die feine nette Truppe mit, welcher, nachdem er ein vielseitiger Künstler und Spaßmacher, aber auch ein ziemlich lockerer Bursche war, dem unser Bier in einer gemütlichen Kneipe in der langen Laube über die Maßen wolschmeckte, und der dann die immer da zalreiche Gesellschaft ser animirte, also die Trautenauer häufig unterhielt. Zum Kasernheimruf mußte er aber öfters aus der Kneipe geholt werden, deshalb wurde er leider auf 2 Tage „eingesponnen", dann ging er aus seinem Stubenarreste zum Abendruf auf den Platz und in die Gassen und nachdem er ihn abgeblasen, kerte er gesenkten Hauptes mit trockener Wemut im Magen in jenen zurück. — Es kam der Geburtstag unseres Kaisers heran. Der edelsinnige Bataillonskommandant v. Weller, disponirte für uns zur Feier des Festtages die Musikkapelle; dankbar namen wir das Anerbieten an und arrangirten zu dem Zwecke in Oberaltstadt nachmittags in Fiedlers Restaurazion ein großes Konzert. Das Programm desselben (am 18., Samstag) enthielt unter anderen nachstehende Nummern: Festmarsch von Leonhardt, Ouverture z. Oper „Die weiße Dame", Szene und Arie a. d. Freischütz, Potpourri über verschiedene Opernmelodien v. Kriebl, „Lustschwärmer" Walzer von Strauß, Radetzky-Marsch, Kadeten-Marsch von Faulwetter, Finale des 1. Aktes aus Lohengrin und „Lebewol" Polka v. Hölting. Es bedarf weiter keiner Worte, um zu sagen, wie stark das Festkonzert besucht und wie fröhlich und festlich gestimmt die Gesellschaft war. — An dem Tage wurde auch zum ersten Mal in der Kriegszeit wieder mit allen Glocken zum Hochamt geläutet. —

Am 21. August verließ uns unser preußischer Freund, der liebenswürdige Johanniter-Ritter, Herr Bernhard von Buggenhagen, Rittergutsbesitzer zu Vorwerk bei Lassan in der Provinz Pommern, leider um nicht wiederzukommen. Ein naher Verwandter war ihm dort an der Cholera gestorben, er mußte deswegen heimfahren; zum allgemeinen Bedauern aber wurde er dort auch von der furchtbaren Krankheit angesteckt und am 3. September von derselben hingerafft. Wir sandten am 5. seiner Familie durch die preußische Feldtelegrafie von hier nachstehendes Kondolenztelegramm: „Die Stadtrepräsentanz Trautenau spricht ihr innigstes Beileid und tiefgefültes Bedauern über das Ableben des allgemein vererten Johanniter-Ritters B. von Buggenhagen aus. Unsere Verwundeten und die Bürgerschaft werden den edlen, stets milden und aufopferungsvollen Menschenfreund in unauslöschlicher dankbarer Erinnerung behalten.

Haase. Dr. Pauer."

Am 24. August — es war ein schöner Tag — fur ich nachmittag zu Besuch des neurettendorfer Lazarets des Herrn Valero. Auf der hohenbruckner Höh' begegnete ich Sr. k. Hoheit, dem Feldmarschall Prinz Friedrich Karl; er kam, sich das trautenauer Schlachtfeld anzusehen. Man erkannte in seinem Antlitz das marzialische Wesen seines Charakters. Was ich mir dabei dachte? Im Kriege, im Kampffeld muß der Feldherr wol, wie der Korporal eine strenge Miene, ein eisernes Herz haben und sich verschloßen zeigen, aber im Frieden doch nicht mer. — Könnte man sich dann doch frei davon machen! Wie anders sah am 28. und 29. Juni der Kronprinz Friedrich hier aus. Er war ja nicht nur eine bildschöne, imposante deutsche Mannesgestalt, sondern auch und zwar sowol als Prinz wie als Feldherr, sowol als Kaiser und König wie als Mensch eine ideal biedere und mit seinen gutmütigen deutschen Augen immer eine hochmächtig bezaubernde Natur; so verklärt im Frieden mag auch Prinz Eugen, Erzherzog Karl und Radetzky, dann auch mancher große preuß. Feldherr gewesen sein und ausgesehen haben. So lernten wir ja den Grafen Moltke kennen. Am 25. begab sich Prinz Friedrich Karl nach Skaliz. Am Abende desselben Tages sahen wir, nicht fröhlichen Blickes, 39 österr. Munizionswägen kommen und am folgenden Tage wegfüren — hinüber; ebenso auch am 30. August: 33 österr. Pontons durchtransportirt aus Königinhof unter Begleitung eines preuß. Pionnirbataillons mit Musik.

Am 26. August gab die görlitzer Jägerkapelle ihr (unbewußt) letztes Konzert hier, in dem ehemaligen Schießhausparke. Am 29. abends langte nämlich eine Staffette an mit dem Befel an den Kommandanten zum Abmarsch des Jägerbataillons; am 30. morgens um $4^{1}/_{2}$ Ur hörte denn die k. Rathauswache ganz auf. Es hat das vorneme schlesische Jägerbataillon hier nur den besten Ruf hinterlaßen.

Vom Freiherrn von Senden erhielten wir am 29. Aug. nachstehendes Schreiben:

„Bei meiner Abberufung von Trautenau als leitender Johanniter-Ritter verfele ich nicht, dem wollöbl. Magistrat (Stadtvorstand) hiemit anzuzeigen, daß in meine Stelle als leitender Ritter der nach Trautenau gehörigen Lazarete der kgl. preuß. Oberst-Lieutenant a. D., Herr Keck v. Schwartzbach und an Stelle des Herrn von Buggenhagen der Herr Graf von Reichenbach, beide Herren Johanniter-Ritter, eingetreten sind.

Bei dieser Gelegenheit ist es mir eine angeneme Pflicht, dem wollöbl. Magistrat meinen aufrichtigen und ergebenen Dank auszusprechen für die Bereitwilligkeit, mit welcher mir stets von allen städtischen Behörden (Stadtrepräsentanz-Sekzionen) entgegengekommen und mir dadurch meine oft ser schwierige Stellung erleichtert worden ist! Ich empfele mich dem freundlichen Andenken eines wollöbl. Magistrates! Trautenau, den 29. August 1866.

Frhr. v. Senden,
K. Kammerherr u. Johanniter-Ritter.“

Am 30. August begann auch der Durchzug des V. preuß. Armeekorps durch Trautenau; so kamen nun einige Tage hindurch kleinere oder größere Truppenzüge aller Waffengattungen, meistenteils da übernachtend, so rückten auch am 3. September der Brigadestab, der Divisions- und Regimentsstab mit einer Eskadron hier ein; in meinen Notizen steht anbei: „am Marktplatz war's fidel“ — der

fertige Friede und der Abzug aller Preußen — diese Stäbe
waren eben die letzten — erklären die gehobene, heitere
Stimmung auf beiden Seiten. Bloß am 4. September ging
noch ein schweres Feldlazaret mit den Ärzten — von
Nachod ankommend — hier durch. — Am 5. September
hatte Trautenau keine Einquartirung mer — welch eine
beseligende Freiheit das!

Am 3. September schrieben wir wieder an F.-M.-L.
Baron von Gablenz in Wien, ihn um seine wärmste und
energische Verwendung maßgebenden Orts in Berlin zu
bitten für die sofortige Freilassung unserer, nach wie vor
einer Aufklärung ihres Schicksals harrenden Gefangenen
in Glogau; zu gleichem Zwecke hatte ich auch schon am
30. August mittelst des preuß. Feldtelegrafen noch an Herrn
Dr. F. Schmeykal in Prag telegrafirt; es hat weder das
eine noch das andere Bemühen „sofort" etwas gefruchtet;
die Ratlosigkeit in Berlin: was nun dazu sagen, hat die
Leidenszeit der Trautenauer in der preuß. Festung von
Stunde zu Stunde verlängert, sie mußten dort ausharren,
bis es einer so zu sagen überirdischen Gewalt beliebte, das
Erlösungswort über sie auszusprechen, also bis zum 13. September. Das war doch, gelinde gesagt, höchst ungefällig.

Vom k. k. Bezirksamtmann in Trautenau erhielt der
Stadtvorstand nachfolgendes Dankschreiben:

„An die Gemeindevertretung in Trautenau.

Das k. k. Landes - General - Kommando hat unterm
21. Juni 1866, Z. 571 pol., das Ersuchen an das hohe k. k.
Statthalterei-Präsidium gestellt, derselben über ihre patriotischen Anerbietungen bezüglich der unentgeltlichen Über-
laßung von Lokalitäten zu Spitalzwecken seine vollste Anerkennung und seinen verbindlichsten Dank auszusprechen,
wovon ich in Folge h. k. k. Statthalterei-Präsidium-Erlaßes
vom 29. Juni l. J., Z. 3240, die Gemeindevertretung hiemit
in Kenntniß setze.

K. k. Bezirksamt Trautenau, am 1. September 1866.

Hetzendorf."

Dem k. k. Bezirksamt kam am 8. September vom
ersten Gemeinderat des regulären Gemeindeausschußes nachstehender Bescheid zu:

Löbliches k. k. Bezirksamt Trautenau!

„In Folge der geerten bezirksämtlichen Zuschrift vom 7. September l. J., Nr. 2202 pol., sehe ich mich genötigt zu erklären, daß ich mit den jetzt laufenden außergewönlichen Geschäften der durch die Gewalt der Umstände entstandenen Stadtrepräsentanz durchaus nicht vertraut bin und in Anbetracht dessen mich nicht in der Lage befinde, jetzt schon die Verantwortlichkeit derselben zu tragen.

Ich bitte daher ergebenst, die Zuschriften des löbl. k. k. Bezirksamtes einstweilen noch an die dermalige außerordentliche Stadtrepräsentanz, respektive an den Herrn Vorstand Josef Haase gefälligst richten zu wollen und sich überzeugt zu halten, daß die Erledigung derselben auf die pünklichste und gewissenhafteste Weise von Statten gehen wird.“ **Frenzel** Stadtrat.

Unsere Amtirung dauerte nun noch bis zum 18. September, für welchen Tag der Bürgermeister Dr. Roth bereits eine öffentliche Ausschußsitzung einberief und die normale Geschäftsleitung der Stadtgemeinde aus den Händen des zeitherigen Stadtvorstandes Jos. Haase wieder übernam. — Unsere Hauptaufgabe in diesen letzten Tagen bestand nur noch darin, den heimkerenden Trautenauern einen festlichen herzerfreuenden Empfang zu bereiten. Er ist es geworden. Ich lasse darüber noch drei öffentliche Bekanntmachungen Bericht erstatten:

A.) Bewoner von Trautenau!

Die Stadtrepräsentanz ist in der freudenvollen Lage, Euch das nachstehende, eben empfangene Schreiben Sr. Excellenz des Herrn Feldmarschall-Lieutenants Baron von Gablenz mitteilen zu können:

Sr. Wolgeboren Herrn Josef Haase, Stadtvorstand.

Wien, am 9. September 1866.

„Indem ich den Empfang Euer Wolgeboren Schreibens vom 3. d. M. mit aufrichtigem Danke bestätige, habe ich nicht ermangelt, neuerdings Schritte für die Freilassung der Trautenauer Bürger zu tun und erhalte die frohe Nachricht, daß der Befel zur sofortigen Freilassung des

Bürgermeisters von Trautenau und seiner Unglücks-
gefärten von Berlin abgegangen ist.

In aller Eile und indem ich mir vorbehalte, sobald es
meine Geschäfte und Gesundheit gestatten, persönlich einmal das Schlachtfeld von Trautenau zu besuchen — zeichne
ich mit den herzlichsten Gefülen aufrichtiger Dankbarkeit
für die werktätigen Beweise von warmer Teilname in Pflege
der Verwundeten, und bitte Sie, Dolmetsch dieser Gefüle
bei allen braven Bewonern Trautenaus zu sein."

Gablenz m. p., F. M. L.

Was wir Weiteres zum festlichen Empfange unserer
befreiten Mitbürger und als Friedens- und Rückkerfeier
projektirt haben, teilen wir Euch in Bälde mit.

Stadtrepräsentanz Trautenau, am 10. September 1866.

Josef Haase, Dr. Pauer, Klement.

B.) Bewoner von Trautenau!

Der heiß ersente Tag des Wiedersehns unserer in Glogau
in harter Gefangenschaft gehaltenen Mitbürger ist gekommen.

Die Stadtrepräsentanz hat im Sinne unserer, über das
unverschuldete traurige Schicksal jener Unglücklichen tief
bewegten Bewoner der Stadt und Umgebung beschlossen,
die Wiederker derselben hier festlich zu begehen.

Zu dem Zwecke hat die Stadtrepräsentanz in einer
Versammlung am 7. d. M. den Beschluß gefaßt, ein Em-
pfangs-Festkomité zu wälen, welches die Festlichkeiten zu
beraten, festzustellen und in Ausfürung zu bringen hat. —
In dieses Festkomité wurden von jener Versammlung die
Unterzeichneten gewält.

Wir haben nun das beifolgende Programm aufgestellt,
und wurde dasselbe von der Stadtrepräsentanz angenommen.

Demgemäß ersuchen wir Euch, die nötigen Vorbereitungen zum festlichen Empfange one Verzug zu treffen,
und ergeht daher an Euch die freundliche Aufforderung,
sofort Nadel- und Laubholzreisig zu sammeln und zur Aus-
schmückung der Vorderfronten Eurer Häuser in Bereitschaft
zu setzen; ferner die nötigen Anstalten zu machen, um eine
brillante Illuminazion der Stadt zu bewerkstelligen.

Wir können erwarten, daß Ihr eifrig und opferfreudig Alles aufbieten werdet, um den Empfang unserer teueren Gefangenen feierlich, herzlich und glänzend zu gestalten.

Trautenau, am 10. September 1866.

Das Empfangs-Festkomité:

Cl. Walzel, Dr. Pauer, Klement, Joh. Etrich jun., Dittrich, Dobiaschowsky.

C.) Programm zum festlichen Empfang.

1. Tag.

I. Empfang der freigewordenen Bürger und Leidensgefärten von Seite des Festkomités in der nächsten Eisenbanstazion. (Jedes Komitémitglied hat eine Fargelegenheit zur Abholung der Gefangenen zu besorgen. Wann abzufaren ist, bestimmt Herr Dr. Pauer.)

II. Empfang und Begrüßung der Bürger von Seite der Stadtrepräsentanz, der Bürgerschützen-Deputazion und des Gesangvereins an der Stadtgrenze. Pöllerschießen.

III. Feierlicher Einzug in die Stadt bis zum Rathause. (Absingung der Volkshimne).

IV. Abends Beleuchtung der Stadt. — Ständchen vom Gesangverein. Musik am Ringplatz.

2. Tag.

I. Morgens 6 Ur musikalische Tagreveille.

II. Abholung der Gefeierten vom Rathause zum solennen Friedensgottesdienste um 9 Ur Vorm.

III. Festessen um 1 Ur auf der Schießstätte. Musikalische Produkzion. Gemütliche Abendunterhaltung im Gasthause „zum schwarzen Adler"·

Anmerkung. Sollte der Einzug Sonntag oder Donnerstag treffen, so findet der 2. Festtag am darauffolgenden Dienstag oder Sonntag statt.